Sammlung Luchterhand 545

Über dieses Buch:
Dieses Buch ist ein kulturhistorisches Dokument. Voller Spannung liest man den Bericht Adeline Favres von ihrer fünfzigjährigen Arbeit als Hebamme, während der sie über achttausend Geburten betreute. Sie schildert auch ihre Jugend, das Leben einer sechzehnköpfigen Bauernfamilie Anfang dieses Jahrhunderts in der Gegend von Sierre (Schweiz).

Adeline Favre wurde geboren in einer Zeit und in einer Gegend, wo es für junge Mädchen nichts anderes gab, als früh zu heiraten und sich damit ihrem Mann vollständig zu unterwerfen. Meistens folgte eine Schwangerschaft der anderen, und nur zu oft wußten die Frauen nicht, wie sie die wachsende Familie ernähren sollten. Der Lebensrhythmus der Frauen wurde durch die Schwangerschaften und nicht durch die Jahreszeiten bestimmt.

Mit einer erstaunlichen Selbstsicherheit gab Adeline Favre mit achtzehn Jahren ihrem Leben einen anderen Lauf, indem sie sich, vielen Hindernissen zum Trotz, als Hebamme ausbilden ließ. Mit ihrem selbstverständlichen Engagement und spontaner Einsicht konnte sie den Frauen ihres Tales zu einer Veränderung ihrer Situation verhelfen.

Adeline Favre

Ich, Adeline, Hebamme aus dem Val d'Anniviers

Erinnerungen herausgegeben von
Yvonne Preiswerk nach Aufzeichnungen
von Gesprächen Adelines mit ihren
Nichten Marie-Noëlle Bovier
und Pierette Mabillard

Aus dem Französischen
von Maja Spiess-Schaad

Luchterhand

Titel der Originalausgabe: »Moi, Adeline, accoucheuse«

Sammlung Luchterhand, März 1985
4. Auflage, Mai 1987

Hermann Luchterhand Verlag
GmbH & Co KG, Darmstadt und Neuwied
Herstellung: Ralf-Ingo Steimer

Lizenzausgabe mit freundlicher Genehmigung
des Limmat Verlag Genossenschaft, Zürich
© 1981 by Les Editions Monographic SA, Sierre
Deutsche Ausgabe:
© 1982 by Limmat Verlag Genossenschaft, Zürich
Gesamtherstellung bei der
Druck- und Verlags-Gesellschaft mbH, Darmstadt
ISBN 3-472-61545-1

Vorwort

Adeline Favre wurde geboren in einer Zeit und in einer Gegend, wo es für junge Mädchen nichts anderes gab, als früh zu heiraten und sich damit ihrem Mann vollständig zu unterwerfen. Meistens folgte eine Schwangerschaft nach der andern, und nur zu oft wußten die Frauen nicht, wie sie die wachsende Familie ernähren sollten.
Mit einer erstaunlichen Selbstsicherheit gab Adeline Favre mit achtzehn Jahren ihrem Leben einen anderen Lauf, indem sie sich, vielen Hindernissen zum Trotz, als Hebamme ausbilden ließ.
In all den Berichten aus ihrer Berufstätigkeit spürt man ihr großes Engagement für die Frauen ihres Tales, ihrer Umgebung, denen sie zu einem besseren, weniger leidvollen Leben, zu einer Veränderung ihrer Situation verhelfen wollte und auch verhalf.
Adeline Favre ist voller Energie, lebendig, spontan. Und so ist auch ihr Buch, das sie nicht schrieb, sondern ihren beiden Nichten erzählte. Ihre Worte sind nicht gewählt, nicht kunstvoll gesetzt. Der Ablauf der Ereignisse folgt nicht immer einer geraden Linie. Nur zu oft kommt eine Erinnerung dazwischen, ein Gedanke steigt auf, manchmal gerät die Geschichte auf einen Nebenweg.
Yvonne Preiswerk, die Herausgeberin der französischen Ausgabe, hat es verstanden, beim Übertragen der mündlichen Aussagen Adeline Favres in die Schriftsprache, diese Spontaneität beizubehalten. Sie hat der Versuchung widerstanden, zu »verbessern«, rauhe Stellen dieser lebendigen Sprache zu glätten und zu polieren.
Auch bei der Übersetzung ins Deutsche haben wir versucht, den ursprünglichen Ton unverändert zu lassen. Wir haben uns sehr eng an das französische Original gehalten und auf stilistische Finessen oder Korrekturen bewußt verzichtet.

Wichtig sind uns auch die Ergänzungen im Nachwort von Yvonne Preiswerk, obschon die dort geschilderten Verhältnisse wohl noch etwas weiter zurückliegen und Adeline Favre nach ihren eigenen Aussagen nicht mehr im gleichen Ausmaße und vor allem nicht mehr so offen begegnet sind. Sie zeigen jedoch deutlich, gegen welche Widerstände, alte Traditionen und Bräuche, die junge Hebamme in ihrer Arbeit ankämpfen mußte.

Der Wunsch, den Adeline Favre uns gegenüber äußerte, zeigt wohl am besten ihre Haltung, ihre Persönlichkeit: »Macht aus meinem Bericht keine romantisierende Erzählung. Es sind harte Tatsachen – gebt sie als solche wieder.«

Maja Spiess-Schaad

Ich wurde an einem 22. Mai geboren. Mama war an jenem Tag ganz allein zu Hause, denn mein Vater war ins Tal hinunter gegangen, um nach den Reben zu sehen. Im Tal unten war ein halber Meter Schnee gefallen, eher ungewöhnlich für diese Jahreszeit.
Wie alle Leute aus dem Val d'Anniviers hatten auch wir in der Gegend von Sierre, in Viouc, unsere Reben. Sie waren für uns fast die einzige Quelle für Bargeld, und eine Naturkatastrophe brachte schwere finanzielle Folgen für das kommende Jahr. Nun hatte Papa in diesem Jahr vorgearbeitet und die Reben schon frühzeitig aufgebunden. Dies im Hinblick auf meine bevorstehende Geburt: Er wollte zu Hause sein, wenn er benötigt wurde. Als er an diesem 22. Mai den Schnee sah, stieg er sofort ins Tal hinunter, um den Schaden an den Reben festzustellen. Es zeigte sich übrigens, daß er nicht so groß war wie bei den Nachbarn. Papa hatte auch die Kühe hinuntergetrieben, damit sie die abgebrochenen Zweige fressen konnten, die er auf dem Rücken des Maultiers bis nach Niouc gebracht hatte. Hierher trug man auch die dürren Rebenblätter, die man mit Heu mischte und den Kühen zu fressen gab.
So mußte mich Mama an jenem 22. Mai allein zur Welt bringen. Zudem wurde ich in Steißlage geboren. Die Hebamme, Madame Pont, eine Cousine von Mama, sagte zu ihr: »Ich kann dir nicht helfen, du mußt es ganz allein fertigbringen. Ich kann dir nicht helfen . . .« Sie betete in einer Ecke des Zimmers, und Mama preßte.
Madame Pont war verzweifelt, daß sie nicht helfen konnte. Zu ihren Gunsten muß man sagen, daß die Hebammen damals nicht vorbereitet waren auf Komplikationen und daß ihnen die medizinischen Kenntnisse, die mir später zugute kamen, fehlten. Sie taten ihr Bestes mit den Mitteln, die ihnen zur Verfügung standen. Oft allerdings blieb ihnen nichts anderes übrig, als zu beten . . .
Weil Papa nicht da war, holte Madame Pont voller Angst ihren Mann zu Hilfe. Es geschah oft, daß der Ehemann der Hebamme zur Hand ging. Monsieur Pont war Schuhmacher. Mama

hat uns später oft erzählt, wie sie sich um seinen Hals geklammert hatte, um besser pressen zu können. Ich war offenbar ein recht großes Bébé, das achte und das erste der zweiten Hälfte von vierzehn Kindern.

Während der ersten Lebensjahre hatte ich das sogenannte ›große Weh‹, die Fallsucht, wobei es sich sehr wahrscheinlich um Epilepsie handelte. Zu jener Zeit hieß die Krankheit bei uns *grand mal*. Im Herbst ging man von St. Luc aus zur Kapelle des *Thel* in Guttet-Bratsch, oberhalb Leuk, wo man die heilige Jungfrau gegen dieses *grand mal* anrief. Ich erinnere mich, daß mich im Alter von fünf Jahren die ganze Familie begleitete: Papa, Mama, Großmama . . . Sie trugen mich abwechselnd. Man wollte mich durch Gebete heilen und nicht zu einem Arzt schicken. Bei uns war jedermann gläubig, und man hatte ein absolutes Vertrauen ins Gebet. Ich weiß nicht, bis zu welchem Alter ich unter dieser Krankheit gelitten habe. Ich spürte es jeweils, wenn ein Anfall kam, und sagte in unserem Dialekt: *Yo tito, yo tito . . . je balance, je balance:* »Ich schwanke, ich schwanke.« Und wenn mich niemand hielt, fiel ich zu Boden. Ich habe noch heute einige Narben davon.

Mein Leben als Kind war wie das aller Menschen im Val d'Anniviers: ein Leben unterwegs. Das Jahr unterteilte sich nach dem Verlauf der Feldarbeiten. Weil die Anniviards sowohl Reben in Sierre als auch Kühe auf den Alpen oben hatten, wechselten sie ständig von Ort zu Ort. Gewöhnlich wohnten wir in St. Luc. Unser Haus dort war recht geräumig und bequem. Das war sozusagen unser Hauptwohnort. Wenn man in den Reben arbeitete, wohnten wir in Muraz bei Sierre. Mehrmals im Jahr fand der große Umzug statt, der jeweils nahezu eine Woche dauerte. Das war ein großes Durcheinander! Es zog nämlich das ganze Dorf gleichzeitig um: alle Familien, der Pfarrer, der Lehrer, das Vieh und die Kinder. Auf den Wagen packte man die Lebensmittel, die Haustiere, einen Teil der Kleider, und bei der Rückkehr nach St. Luc lud man auch noch die Kiste mit dem Schwein, das man am Katharinen-Markt in Sierre gekauft hatte, den Kaffee, den

Der jährliche Umzug im Val d'Anniviers

Zucker und das Mehl mit auf. Geschirr, Küchenutensilien und Bettwäsche besaß man in doppelter Ausführung, sowohl im Haus in St. Luc wie in Muraz.
Die Schule in Sierre begann an Allerheiligen, Anfang November. Die Zeit von da an bis zum Katharinentag (25. November) waren die einzigen Tage im Jahr, wo sich wirklich alle zusammen im Tal unten trafen. Nach dem Katharinen-Markt fuhr man wieder nach St. Luc hinauf und blieb dort bis zum Februar. An der Fastnacht zog das ganze Dorf mitsamt der Schule wieder hinunter nach Sierre, wo die Rebarbeiten begannen. Man blieb während der Fastenzeit und bis nach Ostern unten. Im April mußte man wegen des Korns, der Kartoffeln und der anderen Feldarbeiten wieder nach St. Luc hinauf, wo man den Sommer über bis zur Weinlese blieb. Zwischendurch stieg Papa hie und da für ein bis zwei Tage hinunter, um die Reben zu spritzen oder andere kleine Arbeiten zu verrichten. Wenn er zurückkam, fragten wir ihn oft: *Papa quouè v'aï porta? Plhèïng lo chac dè lagné . . . Papa, qu'est-ce que vous avez*

apporté de Sierre? Plein un sac de fatigue: »Papa, was haben Sie aus Sierre mitgebracht?« – »Einen Sack voll Müdigkeit.«
Die Schule begann also in Sierre an Allerheiligen und hörte in St. Luc im Mai auf. Man ging sechs Monate im Jahr zur Schule. Ich besuchte sie, bis ich vierzehn war. Weil mich Mama im Haushalt brauchte, ließ sie sich vom Arzt ein Zeugnis ausstellen, damit ich die Schule verlassen konnte. Ich war übrigens damals schon so groß und körperlich schon so weit entwickelt, daß Mama fand, ich passe nicht mehr in meine Klasse. Zu Hause war ich überall zu gebrauchen, auf dem Feld, im Stall und beim Führen des Maulesels. Damals backte man zweimal im Jahr Brot, im Dezember und im Frühsommer, kurz vor dem Alpaufzug, denn das Brot war auch für die Sennen bestimmt. Der Dorfbackofen wurde während eines ganzen Monats nie kalt. Jede Familie mußte ihr Holzkontingent abliefern. Man machte der Reihe nach Hunderte und Aberhunderte von Broten, die man das Jahr über im Speicher aufbewahrte.
Anfangs Dezember wurde in St. Luc geschlachtet, und zwar Schweine und Kühe. Am Katharinen-Markt kaufte man jeweils kleine Ferkel, die man *catsonèt* nannte. Sie wurden nicht zusammen mit den älteren Schweinen des Vorjahres gehalten, sondern für sich allein in einem kleinen Holzverschlag, *cramoite* genannt. Manchmal hielten zwei Haushalte zusammen eine Kuh, und man gab ihr das beste Futter, damit sie am Schlachttag recht schwer war.
Man schlachtete im Ziegenpferch. Jedermann nahm daran teil, aber es waren immer die gleichen Männer, welche die Tiere töteten. Sie spalteten mit einer Axt den Schädel der Kuh zwischen den Hörnern. Die Fleischseiten hängten sie mit einem Flaschenzug an einem Galgen auf. Man hatte Wasser gekocht, um die Kutteln und die Därme zu reinigen, und man stellte Schweinsblutwürste her. Ich träume noch heute davon . . . Man fügte Reis, Rahm, Lauch und Zwiebeln bei.
Wenn wir, meine Brüder, meine Schwestern und ich, am Sonntag von der Messe kamen, war Papa in der Küche daran,

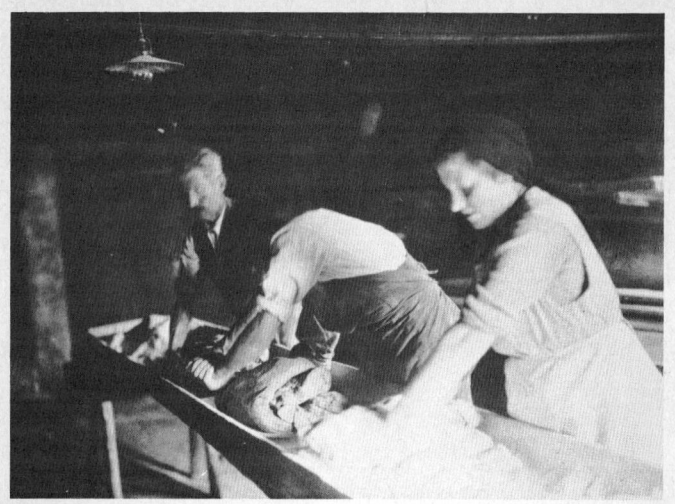
Die Zubereitung von Roggenbrot, aufgenommen in St. Luc

Blutwürste und Fleischsuppe zu kochen. Jedes bekam davon. Das waren Leckerbissen.
Das Fleisch legte man in St. Luc in Salz. Dann trocknete man es im Speicher und aß noch im August davon. Man mußte es allerdings lange kauen, weil es so hart war . . . Hie und da hatte das Fleisch auch *zèchè*, Fleischmilben, die man dann in den Fettaugen der Suppe entdeckte. Jedermann kannte das. Das Einsalzen dauerte übrigens acht Tage.
In meiner Kindheit haben wir nie Fleisch gekauft. Es ist uns nie ausgegangen, obschon wir täglich, außer Freitag, davon aßen.
Das Brot hielten wir sehr in Ehren. Man segnete es, bevor man es anschnitt. Brot durfte man nie mit der Unterseite nach oben auf den Tisch legen.
Unsere Familie besaß eine oder zwei Kühe, deren Milch wir an die Hotels verkauften. Wir mußten die *èhöèintsè*, wie man sie nannte, oft hüten. Das war allerdings vor allem die Aufgabe von Hubert, der auf der Alp den Käse herstellte. Ich wurde dazu bestimmt, mit Papa auf dem Feld zu arbeiten. Ich war

robust und arbeitete in den Reben, mähte die Wiesen, führte das Maultier – Papa war stolz auf mich.

Mit dem Größerwerden übernahm ich mehr und mehr schwere Arbeiten, Männerarbeiten. Von klein auf mußten wir in den Äckern die Erde hinauftragen. Im Val d'Anniviers sind die bebauten Landstücke so steil, daß man regelmäßig die Erde vom unteren Ende des Ackers an den oberen Rand hinauftragen mußte. Die Kinder trugen, soviel sie konnten, eine, zwei, drei Schaufeln voll. Wir waren immer stolz, wenn wir möglichst viel tragen konnten, auch wenn uns oben vor Anstrengung die Zunge heraushing. Papa war sehr lieb, er jagte oder drängte uns nie. Wie man im Dialekt sagt: *Fé gotta, gotta, fé la motta . . . goutte à goutte on fait la tomme:* – Steter Tropfen höhlt den Stein.

Bei der Heuernte in Sierre, genauer bei Piney, wo wir eine Wiese besaßen, verteilte mein Bruder Hubert das ganze Gras, während ich mähte. Jedes Jahr war er den ganzen Sommer über auf der Alp, und deshalb war er nicht gut im Mähen. Ich jedoch konnte mähen wie ein Mann; Papa war auch deswegen stolz auf mich. Meine Schwester Thérèse konnte es ebensogut wie ich.

Mein Vater und meine Mutter waren beide sehr streng, aber lieb. Wir waren eine große Familie, und wir hatten uns alle sehr gern.

Mama war körperlich stark, sie war eine dynamische Person, energisch, spontan, aber von einer großen Liebenswürdigkeit. Wir fürchteten sie jedoch mehr als meinen Vater, denn sie hatte weniger Geduld und war strenger mit uns. Man muß dazu sagen, daß sie fast immer schwanger war.

Sie hatte verschiedene Aufgaben zu erfüllen. So besorgte sie das Vieh, wir hatten vier Stück. Sie molk die Kühe, gab ihnen Heu, und sie mästete auch die Schweine, damit man sie im Winter schlachten konnte.

Bei dieser Gelegenheit vergaß sie nie, dem Pfarrer das beste Stück Fleisch zu bringen. Dieser bekam nämlich damals noch keinen Lohn. Alle Leute taten das, und er bekam auch die Milch von den Gliedern seiner Pfarrgemeinde.

Ostern 1924. Meine Familie. Stehend von links: Hubert, Marie-Louise, ich, Marc. Sitzend: Mama, Thérèse, Gertrude, Pierre, Papa, David

Mama war auch beim Auslichten der Reben dabei, und wir halfen ihr dabei soviel wie möglich. Wir hatten in der Nähe von Sierre ein Stück Rebland.
Die elektrischen Weidezäune, die man heute überall verwendet, kannte man damals natürlich noch nicht. So war das Viehhüten auch Mamas Aufgabe.
Sie war eine sehr gute Köchin, die eine feine Küche pflegte. Ich wurde mir dessen erst später bewußt, als sie zu mir zog und unsere Mahlzeiten kochte. Sie hatte ihre ganz besonderen Spezialitäten.
Papas Vorname war Cyprien. Er war ein sehr gütiger und äußerst geduldiger Mann.
Als im Jahr 1914 die Fabrik in Chippis eröffnet wurde, ließ er sich einstellen und fing dort unten zu arbeiten an. Er ging, wie alle anderen, jeden Morgen von St. Luc zu Fuß hinunter und begann nach einem dreistündigen Marsch seine Arbeit in der Fabrik. Oft besorgte er nach Arbeitsschluß noch die Reben.

Dann blieb er jedoch über Nacht in Muraz. Eines Tages, es war im Jahr 1915, gab es in der Fabrik in Chippis eine Explosion, gerade dort, wo mein Vater arbeitete. Man brauchte damals Salpeter, um irgend etwas – ich weiß nicht, was es war – herzustellen. Der Salpeter verbrannte seine Bronchien, und nach diesem Unglück war er zwei Jahre lang krank. Auch später noch litt er oft unter schwersten Asthmaanfällen.

Er wurde im Asyl St. Joseph gepflegt, auf seine eigenen Kosten. Damals gab es noch kein Spital. Und es gab auch keine Versicherungen und keinerlei Entschädigungen. Weil er nicht mehr in der Fabrik arbeiten konnte, kehrte er in die Landwirtschaft zurück.

Die Arbeiter in der Fabrik in Chippis waren damals nicht zu beneiden. Mein älterer Bruder Marc, empört über die Arbeitsbedingungen, löste einen Streik aus. Er kämpfte für die Sache der Arbeiter, und es gelang ihm nach vielen Schwierigkeiten, mit Florey aus Vissoie eine Gewerkschaft zu gründen (1953).

Dreißig Jahre lang galt Marc als Revolutionär. Er ging nicht mehr zur Kirche, er schloß sich der sozialistischen Partei an. Mark war, was man einen flotten Kerl nennt, offen und entgegenkommend. Wir hatten ihn alle sehr gern, nur Papa hatte Mühe mit ihm, weil er der Ansicht war, Marc respektiere die Traditionen nicht. Vater war durch und durch ›schwarz‹, und er brachte es nicht über sich, Marcs Haltung anzuerkennen.

Mark arbeitete auch in Chippis. Er blieb vierzig Jahre lang dort und gehörte natürlich der Arbeiterkommission an. Heute ist er 76 Jahre alt, man hat ihn gern, und auch die Vorgesetzten schätzen ihn.

Unser Haus war ursprünglich ein Hotel gewesen. Wir bewohnten den dritten Stock, gerade gegenüber vom Glockenturm. Es war das erste Hotel, das in St. Luc gebaut worden war. Als das neue Hotel ›Bella-Tola‹ fertig war, wurde das alte Haus etagenweise verkauft. Meine Eltern kauften das dritte Stockwerk.

Wir hatten eine große Küche, ein riesiges und ein kleineres Schlafzimmer. Neben der Küche war eine Art Abstellraum, wir nannten ihn den ›Saal‹. Auf einem Wandgestell bewahrte Mama dort eine Menge verschiedener Kräuter auf, die sie getrocknet hatte und mit denen sie Tee kochte. Es gab ein Kraut für die Kühe, Borretsch, und Kräuter für uns, wenn wir krank waren. Wir bekamen nie Medikamente.

Im Schlafzimmer der Eltern stand neben ihrem Bett ein zweites für vier von uns Kindern. Zwei schliefen am Kopfende, zwei am Fußende des Bettes, das natürlich recht groß war. Im kleinen Zimmer befanden sich noch zwei Betten für die übrigen Kinder. In Muraz hingegen hatte es drei Betten in einem Zimmer, dazu noch die *charrette*, ein Schubladenbett für die Kleinen. Es waren eigentlich zwei Betten, von denen das eine wie eine Schublade unter das andere geschoben wurde.

Wir hatten kein Wasser im Haus. Man mußte es am großen Brunnentrog holen. Wollte man ein Bad nehmen, mußte man das Wasser auf dem Herd erhitzen, und die ganze Familie wusch sich darin, Vater, Mutter und wir Kinder. Eines nach dem anderen, im gleichen Wasser.

Mama hatte viel Arbeit drinnen und draußen. Meine Schwester Marie-Louise übernahm die Näharbeiten, einen großen Teil des Haushalts und bereitete die Mahlzeiten zu. Sie sorgte für uns, vor allem für die kleinen Schwesterchen, wie wir sie nannten: Gertrude und Thérèse. Sie hatte eine Hand-Nähmaschine, wie man sie heute auf den Flohmärkten findet.

Im Winter kam Papa jeden Morgen in unser Zimmer, zog sich mit uns zusammen an und half uns dabei. Während wir uns fertig machten, betete er mit lauter Stimme. Er war sehr gläubig und diszipliniert im Beten. Dann gingen wir zur Sieben-Uhr-Messe.

Nachher frühstückten wir und gingen dann zur Schule. Auch beim Zubettgehen mußten wir mit Papa beten. Es war die Zeit für den Rosenkranz. Wie am Morgen konnten wir nicht miteinander sprechen, wir mußten still sein und zuhören. Beim Aufstehen war das Gebet ›Je vous salue Marie – Gegrüßt seist du Maria‹, am Abend der Rosenkranz.

Wie schon erwähnt, reagierte meine Mutter sehr spontan. Als David eines Tages zuviel Lärm machte, wollte sie ihm eine Ohrfeige geben. Weil er ihr aber entwischte, warf sie den Ofenhaken gegen seinen Kopf, zum Glück ohne zu treffen. Der Haken hinterließ ein Loch in der Wand, das uns immer wieder an den Zwischenfall erinnerte. Nachdem sich meine Mutter beruhigt hatte, bereute sie ihren Ausbruch bitter und war ganz besonders lieb.

Papa hatte nach seinem Unfall Atembeschwerden und eine Schwäche der Kapillargefäße in der Nase. So hatte er oft Nasenbluten. In St. Luc wohnte ein alter Herr, den wir *Mouret-du-fer* nannten; sein richtiger Name war Maurice Zufferey. Man nannte ihn auch etwa Satan oder Bischof. Er konnte Blutungen aus der Ferne stillen. Mehrmals schickte man mich zu ihm, wenn Papa blutete. Ich hatte große Angst, in der Nacht hinzugehen, denn der Weg führte am Friedhof vorbei. Als ich eines Tages zu ihm kam, sagte er, als er mich sah: »Nicht wahr, dein Vater blutet sehr stark?«

Er nahm einen Hammer und einige Nägel und schlug sie über der Türe ein. Dazu murmelte er fremde Wörter, die ich nicht verstand. Als ich zu Hause ankam, blutete mein Vater nicht mehr . . .

Neben *Mouret-du-fer* gab es in St. Luc einen Mann, der Knochen einrenken und richten, Verrenkungen heilen und ähnliches mehr konnte. Es war der Bruder des Pfarrers: Pierre Pont. Es gab noch einen anderen, Gabriel, der kümmerte sich um Tiere, die krank waren.

In der Grippezeit während des ersten Krieges kam kein Arzt nach St. Luc hinauf. Der Pfarrer nahm sich der Kranken an. Es war im August 1918. Alle außer Mama waren im Bett. Sie war damals schwanger mit David und entkam wie durch ein Wunder der Epidemie. Der Pfarrer hatte sehr viel zu tun, er teilte aus Leibeskräften Arzneien und letzte Ölungen aus. Es gab 36 Tote im Dorf, davon drei in der gleichen Familie und in der gleichen Woche. Es wurde nicht mehr zur Messe geläutet, denn die Leute durften wegen der Ansteckungsgefahr nicht zusammenkommen.

Der Glockenturm von St. Luc

Unsere Nahrung war natürlich nicht so abwechslungsreich wie heute. Wir lebten von der Milch unserer Kühe, von unserem Alpkäse, von Roggenbrot und dem getrockneten oder eingesalzenen Fleisch. Auch die Butter hatten wir von der Alp. Bei der Alpabfahrt legte Mama sie jeweils in den Keller, wo sie aufbewahrt wurde. Im Winter kochte sie die Butter und auch das Schweine- und Rinderfett ein.

Im Dezember bereitete Mama eingeweichtes Brot zu. Sie zerkleinerte mit einer Axt ein Roggenbrot und weichte es in den Rückständen der eingekochten Butter ein, in der *crapa*. Sie verwendete auch die Grieben, die sie unter die gebratenen Kartoffeln mischte. Das war ein herrliches Gericht.

Mama war eine ausgezeichnete Köchin. Obschon es damals in unserer Küche weder Gewürze noch Öl gab, kochte sie uns ein Ragout ohne einen Tropfen Wasser. Sie verwendete Kräuter dazu und ließ das Fleisch zusammen mit Kalbsfüßen leise köcheln. Das gab eine ausgiebige und fette Sauce.

Sie kochte auch eine ausgezeichnete *frèjâ*. Dazu brauchte sie Mais, der im Dorf fein gemahlen worden war. Diesen überbrühte sie zuerst und mischte ihn dann mit Weizenmehl. Dann fügte sie Eier bei. Diese Mischung wurde in Butter gebraten und zuletzt mit Zucker bestreut. Die ganze Familie tat sich gütlich daran.

Wir aßen auch einen Kuchen, der mit ›Colostrum‹, der ersten Milch einer Kuh nach dem Kalben, zubereitet wurde. Sehr oft gab es Polenta, die mit Milch und Butter im Ofen gekocht wurde. Wir liebten auch Mamas Küchlein, aus einem Teig, der Schnaps enthielt. Sie wurden in Butter oder Fett, aber nie in Öl gebacken. Um sie schmackhafter zu machen, fügte meine Mutter dem Teig Eier bei, die sie kaufen mußte, weil wir keine Hühner hatten.

Sehr häufig gab es *macarong tsila*, eine Mischung von Kartoffeln und Makkaroni, die zusammen gekocht wurden. Man mußte viele Zwiebeln so lange rösten, bis sie die Farbe einer Kapuzinerkutte angenommen hatten, wie wir sagten. Man gab sie anschließend mit der heißen Butter über die Kartoffeln und Teigwaren.

Wenn wir in Sierre waren, kauften wir kleine Fäßchen mit gesalzenen Heringen. Wir aßen sie in der Fastenzeit, wo man ja kein Fleisch essen durfte. Bevor man diese Heringe kochte, legte man sie lange in Wasser ein. Man machte dies auch mit Stockfisch so, wenn man solchen kaufen konnte. Nicht vergessen seien der Reis und die Gerste, die wir, wie es üblich war, in einer mit Löchern versehenen Aluminiumkugel in der Fleischbrühe kochten.

Als ich klein war, behandelte ich die Kinder, die ich hüten mußte, schlecht. Weder ich noch meine Schwester durften je weggehen, weil wir immer auf die Kleinen aufpassen mußten. Die Großen arbeiteten mit Papa auf dem Feld. Wir jedoch mußten nach den Bébés sehen, saßen am Boden, ein Kleines zwischen den Beinen. Wenn Mama oder Marie-Louise in der Nähe waren, kniff ich die Kleinen in die Waden, um sie zum Weinen zu bringen. Dann nämlich hob sie Mama auf. Wenn ich allein war, ließ ich sie in Ruhe. Wir hatten eine große, fahrbare Wiege. Sie stand immer in der Nähe des Ofens, neben Mamas Bett. Wenn ich die Wiege bewegen mußte, damit der Säugling nicht weinte, band ich sie mit einer Schnur am Fenster fest und ließ sie so schaukeln. Wie oft habe ich sie wohl umgeworfen? Ich erinnere mich, daß ich eine meiner Schwestern, die rachitisch war, oft auf diese Weise geschaukelt habe. Sie konnte mit vier Jahren noch nicht sitzen. Sie hatte einen ganz dicken Bauch. Cécile ist später gestorben. Ich habe sie mehr als einmal umgeworfen.

Unsere Familie hielt sehr zusammen, aber wir waren arm. Wir hatten unter uns nie Schwierigkeiten, auch nicht mit den Nachbarn, mit Ausnahme eines Falles wegen eines Landstücks, bei dem die Meinungen auseinander gingen. Es gab die Partei der Jungen und die der Alten. Der Gemeinderat hat dann die Sache übernommen, und es kam sogar zu einem Prozeß. Aber ich war damals noch ein Kind und erinnere mich nicht mehr genau an alles.

Wenn meine Brüder am Sonntag von der Messe kamen, gab es am Tisch endlose Diskussionen, was meine Mutter gar nicht mochte.

St. Luc 1924. Einige Kinder aus dem Dorf vor unserem Haus. Hinten von links: Alexandrine und ich, vorne: David, Edouard Salamin, Sabine Salamin, Gertrude und Thérèse

Am Abend gingen wir früh zu Bett, denn wir waren von der täglichen Arbeit müde. Aber hie und da versuchten wir das Zubettgehen hinauszuschieben und baten Papa: »Bitte, machen Sie uns doch Angst!«
Er nahm dann die Enden seines Schnauzbartes, der recht lang war, in den Mund und spielte den bösen Wolf. Wir liebten es, wenn er mit uns spielte. Er spielte den ›Kasper‹ und lehrte uns Lieder, die wir im Chor sangen. Manche dieser Lieder hatten zwanzig, dreißig Strophen. Ich erinnere mich an das Lied von Abraham, von Geneviève von Brabant, an *Nous avions bâti une belle maison*: ›Wir hatten ein schönes Haus gebaut‹.
Meistens sang Papa religiöse Lieder aus einem dicken Buch:
Abraham, lève-toi
Prends ton fils et va-t'en
De ta propre main
Fais-le une offrande . . .
»Abraham, erhebe dich,

nimm deinen Sohn, geh,
und bring ihn eigenhändig
als Opfer dar.«
Oft spielten wir Papa und Mama, wie alle Kinder es tun. Das war schon damals beliebt. Wir spielten auch Doktorspiele. Sie können sich vorstellen wie!
Im Val d'Anniviers haben die Kinder ihre Eltern immer gesiezt. Diese Sitte besteht in bestimmten Familien auch heute noch.
In unserem Tal wurde das ganze Leben von der Religion geprägt. Mit Ausnahme von ein oder zwei Personen, die bekannt waren, waren alle Leute gläubig und praktizierende Katholiken. Das Leben bekam seinen Rhythmus und seine Schwerpunkte durch die religiösen Feste und durch die täglichen Bräuche: Außerhalb der Kirche und ohne Einwilligung des Pfarrers geschah nichts. Die unterschiedlichen Klänge der Kirchenglocken erinnerten daran, daß man sich versammeln oder beten mußte, oder sie gaben den Tod eines Mitbürgers, Gefahren oder Festlichkeiten bekannt.
Der Pfarrer war die zentrale Figur unseres Daseins. Er war der Vertreter der höchsten Autorität. Ihm entging nichts. Von der Kanzel herab belehrte er die Leute, warnte sie vor schlechten Einflüssen, vor Tanzanlässen, vor schlechter Lektüre. Er gab auch die Erlaubnis, am Sonntag zu mähen oder das Heu einzubringen, wenn Regen die Feldarbeiten in Rückstand zu bringen drohte.
In St. Luc hieß der Pfarrer Rey. Später war es Pfarrer Pont, der dann Kanonikus in Sitten wurde. Wir gingen jeden Morgen vor der Schule zur Messe. In der Kirche hielten wir uns sehr still, denn Papa hätte nicht geduldet, daß wir auf unseren Bänken herumrutschten. Er war in dieser Beziehung sehr streng. Er gestattete auch nicht, daß man von der Kirche oder von einem Pfarrer etwas Schlechtes sagte oder daß man ein solches Thema überhaupt anschnitt: *Qui critique les prêtres, en crève!:* »Wer die Priester kritisiert, soll verrecken!«
In Chippis gab es einen alten Pfarrer, der vor noch nicht so langer Zeit gestorben ist: Pfarrer Monnet. Er gab den Ton an

und befahl im Dorf. Er hielt sogar die Ärzte fern, denn er wollte selber für die Kranken sorgen. Trotzdem war er beliebt.
Wenn wir im Winter nicht viel Arbeit hatten, gingen wir auch nicht so früh zu Bett. Man traf sich im Dorf beim einen oder anderen zum Abendhock. Die Frauen beschäftigten sich mit Spinnen, Stricken oder Weben, die Männer schwatzten. Oft sangen wir, manchmal zu einer Mundharmonika. Aber vor allem erzählte man sich Geschichten, Gespenstergeschichten. Einige hatten ein Klopfen gehört, andere Zeichen gesehen. Man erzählte die Geschichten, die unsere Großväter schon von ihren Vätern gehört hatten . . . Und wir Kinder hatten natürlich Angst, viel mehr als die Erwachsenen . . . Wir gingen nicht gerne allein in die Nacht hinaus, aus Furcht, ›etwas‹ zu hören oder zu sehen.
Manchmal spielten wir auch Gesellschaftsspiele: die Schürze, die warme Hand, der goldene Ring. Wir aßen *pins d'arole*, Kiefernnüßchen, die wir im Herbst gesammelt hatten und zum Trocknen in die *arche*, eine Art Truhe, gelegt hatten. Man trank auch heißen Wein mit Murmeltierfett. Hie und da tanzten wir auch, dem Verbot des Pfarrers zum Trotz. Mein Vater konnte tanzen und gleichzeitig Mundharmonika spielen, dazu ein volles Weinglas auf dem Kopf balancieren, ohne daß es umkippte.
An der Fastnacht oder am Neujahr kamen zwei oder drei Familien zusammen. Die einen brachten Fleisch mit, die andern holten Wein aus den Fäßchen, welche die Keller der Anniviards füllten. Fleisch – das war immer die Rindszunge, die man seit dem Schlachttag für die letzte Mahlzeit vor der Fastenzeit aufbehalten hatte. Für uns war das ein großer Festtag. Es war ein alter Brauch, daß man die Pfanne, in der man die Zunge gekocht hatte, entwendete und irgendwo im Dorf versteckte. An uns war es, sie wieder zu finden.

Eine Berufung entsteht

Wie geschah es, daß ich Bébés gern bekam? Ich hatte sie eigentlich nie gemocht, weil sie mir meine Freiheit nahmen. Ich sah die anderen Kinder draußen spielen, während ich die Kleinen hüten mußte.
Im Dorf hatte ich später, zusammen mit zwei oder drei anderen Mädchen, eine ganz besondere Aufgabe. Man schickte mich, ›bei den Müttern zu saugen‹, wie man sagte. Damals gab es noch keine Milchpumpen. Nun hatten aber viele Frauen, die vor kurzem geboren hatten, zuviel Milch, oder sie floß nicht richtig ab. Man mußte eine Möglichkeit finden, die Brüste zu erleichtern. Manchmal war es der Ehemann, der diese Aufgabe übernahm und oft sogar Gefallen daran fand!
Im Dorf gab es auch einen alten Mann, der sich anerbot, ›bei den Müttern zu saugen‹. Man hat ihn oft geholt. Sehr viel später, als ich schon Hebamme war, sagte er mir: »Wenn du jemanden brauchst zum Saugen, dann ruf mich nur . . .«
Ich habe es nie getan, ich habe mir immer anders zu helfen gewußt.
Aber früher holte man meistens mich für diese Aufgabe. Wie ein kleines Bébé trank ich an der Brust der Mutter, und natürlich spuckte ich die Milch nicht aus. Das war eine ganz natürliche Art, die Brust zu erleichtern – man machte sich damals keine großen Gedanken darüber. Im Dorf gab es zu jeder Zeit Wöchnerinnen. Vielleicht hat mich auch dieser Umstand zu meinem Beruf hingezogen, ich war immer sehr begierig auf diesbezügliche Unterhaltungen, die ich mitbekam.
Als Adrienne im Alter von 40 Jahren niederkam, soll es eine richtige Schlächterei gewesen sein. Zangengeburten wurden zu jener Zeit nicht oft gemacht. Man holte dafür zwei Männer zu Hilfe. Die Schwiegermutter der Gebärenden war nicht von besonders liebevoller Art und ihrer Schwiegertochter gegenüber sehr hartherzig. Sie rief mich zum Saugen an Adriennes

Brüsten. Das werde ich nie vergessen. Die arme junge Mutter hatte nach der Geburt eine Venenentzündung bekommen. Damals wußte ich nicht, was es war, das wurde mir erst viel später klar, als ich schon Hebamme war. Ich fragte mich nur, warum die Ärmste daran gehindert wurde, ihre Beine zu bewegen. Man durfte sie nicht berühren, und sie konnte sich auch nicht zur Seite drehen, um mich trinken zu lassen. Ich mußte mich *a botzon*, rittlings, auf sie setzen. Sie hat unendlich gelitten.
Später habe ich manchmal mit Mama über diese Dinge gesprochen. Von Adrienne sagte sie, das sei die schlimmste Entbindung gewesen, von der sie je gehört habe. Ihre Schwiegermutter habe sie zum Stillen gezwungen, obschon sie praktisch keine Milch hatte.

Eine Frage, die mich damals sehr beschäftigte, blieb offen – die Frage, wie die Kinder zur Welt kommen. Was habe ich mir nicht alles vorgestellt! Eines Tages fragte ich Mama, ob die kleinen Kinder so wie die Kälbchen auf die Welt kämen. Sie sagte: »Wenn du nicht sofort schweigst, bekommst du eine Ohrfeige. Darüber spricht man nicht!«
Diese Antwort befriedigte meine Neugierde keineswegs. Als ich sieben Jahre alt war und Thérèse geboren wurde, wußte ich nicht mehr, auch nach der Geburt nicht. Wenn man am Morgen aufstand, lag einfach ein Kindchen in der Wiege, eines mehr. Ich suchte überall nach Spuren des Ereignisses. Nicht umsonst! Man weichte damals für das Vieh Abfall von gemahlenem Leinsamen in Wasser ein, der zu einer schlüpfrigen Masse wurde. Ich dachte sofort, daß dies die Nachgeburt, die Plazenta, sei; man nannte das damals *la décharge*.
Ich mußte unbedingt mit jemandem über meine Entdeckung sprechen. So rief ich einen Nachbarsbuben, der ein Jahr älter war als ich: »Du glaubst nicht, aber es sind die Mütter, die die Kinder machen. Komm, ich zeige dir die Nachgeburt!«
Er hat sogleich alles seiner Mutter erzählt, die sich bei meinem Vater über mich beklagte. Ich hielt mich im großen Zimmer in einer Ecke versteckt.

Diese Frau, Louise, sagte zu Papa: »Wenn du sie nicht verhaust, dann werde ich es tun!«
So hat mir Papa vor den Augen dieser Frau die Rute gegeben. Er beteuerte ihr gegenüber, er habe nichts liegenlassen. Was ich gesehen habe, sei wirklich Leinsamenbrei für die Kühe. Diese Andeutung bewies mir, daß etwas faul war an der ganzen Sache. Ich wandte alle Schliche an, um mehr herauszufinden.
Papa hatte eine Doppeltür angebracht, um die Wärme im Zimmer zu behalten und um Durchzug zu vermeiden. Zwischen den beiden Türen blieb ein Zwischenraum. Als David geboren wurde, war ich elf Jahre alt. Ich hatte mich zwischen den beiden Türen versteckt und spähte durchs Schlüsselloch. Ich sah Mama herumspazieren. Ich sehe sie heute noch, in ihrem Rock aus Barchent, aus dem man auch Windeln machte. Sie ging im Zimmer auf und ab. Das war alles, was ich sehen konnte, obschon Mama auch diesmal zu Hause geboren hat. Man sah nie etwas davon. Als ich das Bébé weinen hörte, kam Papa in die Küche und sagte uns: »Ihr habt ein Brüderchen bekommen.«
Ich rannte ins Zimmer, um zu sehen, ob es auch eine Nabelschnur hatte wie die Kälbchen. Ich sehe den Kleinen heute noch vor mir, in eine Windel gewickelt, am Fußende des Bettes liegen. Ich habe ihn abgedeckt und die Nabelschnur gesehen. Jetzt war ich sicher. Ich hatte verstanden. Ich wußte jetzt Bescheid.
Zu jener Zeit wohnten junge Eheleute bei ihren Schwiegereltern. Mama mußte zuerst bei unserer Großmutter väterlicherseits wohnen. Sie war eine Hexe, war böse und schlecht. Im Gegensatz zu ihr war Großpapa um so lieber. Mama erzählte uns, daß man die Großmutter *la mogné*, die Nonne, nannte. Meine Eltern schliefen in ›Schubladenbetten‹, eines über dem andern.
Davor stand eine *arche*, eine Truhe. Als meine Mutter das erste Kind bekam, sprang sie vom Bett auf die Truhe, von der Truhe auf den Boden, um die Geburt zu beschleunigen. Dann kam die Plazenta nicht. Es war gerade zur Zeit des Brotbackens in

St. Luc. So holte man ein heißes Brot, das man ihr auf den Bauch legte. Es erstaunt mich, daß nichts passierte, denn Wärme erzeugt Blutungen. Und trotzdem hatte Mama vierzehn Kinder, sie hatte Glück; vierzehn Kinder und drei Fehlgeburten.

Eine der Fehlgeburten ereignete sich im Stall, im *Tsahelet*. Mama schrie laut, weil sie ganz allein war. Die Schwangerschaft war schon recht fortgeschritten, viereinhalb Monate, glaube ich. Sie schrie so laut, daß Gabriel Pont sie im Hotel ›Bella-Tola‹ hörte, das doch recht weit entfernt ist.

Man brachte bei einer Geburt die andern Kinder nicht weg. Man sorgte nicht im voraus. Eine Geburt war etwas, das sich jedes Jahr ereignete, und es ging, wie es eben ging. Aber im allgemeinen hatte man das Nötigste, und man half sich gegenseitig. Oft gebaren die Frauen auf Stroh.

Zu jener Zeit wurden die Hebammen nicht eigentlich ausgebildet. Sie bekamen drei Monate theoretischen Unterricht in Sion, aber sie hatten keine praktische Ausbildung in einer Geburtsabteilung.

Sie halfen den Müttern, nahmen das Kind in Empfang und wuschen es, sie waren bei der Taufe dabei, aber sonst nichts.

Mama erzählte, daß die Hebamme sie nie wusch, nicht ein einziges Mal. Es war Papa, der das übernahm. Er war Sanitätssoldat im Militär; er hatte den Sinn für Sauberkeit. Ich erinnere mich, daß jedesmal, wenn Mama niederkam und im Bett lag, Papa für uns sorgte. Das gehörte zu ihrem Leben, das war normal. Wir Mädchen hatten alle lange Zöpfe. Papa kämmte uns, wusch uns und schickte uns in die Schule. Und er wusch auch die Wäsche von der Geburt. Dazu ging er immer nach Tsarir, in die Nähe des Hotels ›Cervin‹. Das machte man nie im Brunnentrog. Für solche Wäsche ging man anderswo hin. Auch beim Schlachten reinigte man die Därme und die Wäsche dort, wegen der Blutgerinnsel, die drin waren. Das war überall so. Man stellte niemanden an, man half sich gegenseitig.

Mein Bruder Pierre wurde an einem Sonntag geboren. Für Sonntagskinder gab es einen besonderen Brauch. Der Pfarrer

Pont aus St. Luc kam zu uns und sagte, daß man den Säugling schnell anziehen und zur Kirche tragen solle. Für die Taufe gab man dem Kind einen Hufeisennagel in die eine, einen Regenwurm in die andere Hand. So wurde es getauft, was ihm die Gabe verleihen würde, Umläufe an den Fingern und Gerstenkörner zu heilen. Um diese Fähigkeiten zu erwerben, mußte man Sonntagskinder noch am Sonntag taufen. Als später einmal David den Pfarrer Pont fragte, was er mit Pierre gemacht habe, antwortete dieser: *Chèn te dèvouardè pa . . . Cq ne te regarde pas!:* »Das geht dich nichts an.«

Die Großmütter gingen nicht zu Bett, bevor die Neugeborenen getauft waren. Wenn ein Kind am Abend zur Welt kam, wurde es am Tag darauf getauft. Aber in dieser Nacht ging die Großmutter nicht zu Bett. Niemand schlief, bevor das Kind getauft war. Wenn es am Morgen geboren wurde, taufte man es am gleichen Tag. In unserer Familie blieb Großmama jeweils die ganze Nacht bei den Bébés, um über sie zu wachen, damit sie am Tag der Taufe noch am Leben seien. In Mundart nannte man die Taufe *bâtèiè*.

Bei der Taufe gab es natürlich kein großes Fest. Man bereitete, wie beim ersten Kirchgang der Wöchnerin, ein Raclette oder, bei den weniger Bemittelten, ein Fondue zu. Raclette gab es damals noch nicht so häufig wie jetzt.

Das Leben der Frauen damals

Um Schwangerschaften zu verhüten oder sie hinauszuschieben, stillten die Frauen manchmal zwei Jahre lang, denn während dieser Zeit hatten sie keinen Eisprung und keine Menstruation. Wer nicht stillen konnte, bekam jedes Jahr ein Kind.
Das traf auch auf meine Mutter zu, die schon dreizehn Kinder hatte. Eines Tages stattete ihr der Gemeindepfarrer einen Besuch ab und sagte ihr, daß ›es jetzt reiche‹. Sie antwortete: »Einverstanden, dann werde ich mich also danach richten!« . . . und sie verweigerte sich ihrem Mann während fünf Jahren, bis zur Wallfahrt nach Einsiedeln. Dort machte ihr der Beichtvater Vorwürfe und sagte ihr, daß sie sich schwer versündige und daß sie die Verantwortung zu tragen habe, wenn ihr Mann sie betrüge.
So hat sie ihn also wieder empfangen. Sie bekam noch ein Mädchen, das sie an der Altersgrenze, mit fünfzig Jahren, geboren hat.
Früher hatten Frauen kein Vergnügen an sexuellen Beziehungen. Sie waren ständig in Sorge und hatten Angst, schwanger zu werden. Ich habe so oft gehört: »Mein Gott, nachdem ich es nun gerade hinter mir habe, möchte ich nicht schon wieder ein Kind!«
Die Beziehungen zwischen Mann und Frau waren den Gesetzen der Kirche unterstellt. Man durfte keinen Coïtus interruptus anwenden, *la retirette*, wie man es nannte. Das war eine Sünde, und wer es trotzdem tat, erhielt vom Priester keine Absolution.
Die Frauen hatten ein hartes Leben. Bei der Hochzeit ermahnte sie der Priester, »alles zu tun, was der Ehemann verlangt«. Der Mann hatte prinzipiell immer recht, auch wenn er getrunken hatte. Als Hebamme wurde mir vieles anvertraut, aber das Thema war so tabu, daß die Frauen mir die Dinge mehr zu verstehen gaben, als daß sie sie aussprachen. So traf ich, es war

1947, eine Wöchnerin in Tränen an. Die Naht, die man am Abend vorher gemacht hatte, war vollständig aufgerissen. Ihr Mann hatte nichts Besseres zu tun gewußt, als sie bis in die Toilette hinein zu verfolgen, einen Tag nach der Entbindung . . .
Eine andere bekam eine schreckliche Sepsis, eine Blutvergiftung, die ich mir nicht erklären konnte. Sie vertraute mir an, daß sich ihr Mann hemmungslos auf sie gestürzt habe, nachdem das Fruchtwasser gebrochen war und die Wehen schon eingesetzt hatten.
Nach einer Entbindung, die meistens zu Hause stattfand, gingen die Frauen nicht vor dem zehnten Tag außer Haus. Sie sollten während dieser Zeit eigentlich im Bett bleiben, aber sie standen trotzdem ständig auf. Am neunten Tag jedoch taten sie es nie. Man nahm an, daß die Gebärmutter neun Hörner hätte und daß das neunte Horn am neunten Tag heile. Deshalb durfte man sich nicht bewegen und mußte ruhig liegenbleiben. Die anderen Hörner waren nicht so wichtig, aber das neunte verlangte Bettruhe. Außer an diesem Tag konnten die Frauen, die schon eine Schar Kinder hatten, nie richtig im Bett bleiben. Sie hatten keine Ruhe. Beim ersten Ausgang ließen sie sich segnen. Man nannte dies *les relevailles*.
Sie wagten nicht, zur Messe zu gehen ohne diesen Segen, der die Erbsünde tilgte. Sie nahmen das Neugeborene mit, und der Priester segnete beide, Mutter und Kind. ›Die Erbsünde ablegen‹ ist ein Akt der Läuterung, der heute nicht mehr vorgenommen wird.
Wenn die Frauen niederkamen, gab man ihnen nichts Festes zu essen. Man kochte ihnen eine Suppe mit Borretsch und andern Kräutern, wie für die Kühe; es waren vor allem Heilkräuter. Und gleich nach der Entbindung gab man ihnen mit Ei und Honig vermischten Schnaps. Man nannte dieses Getränk *Cordial*. Meine Tante Adélaïde erzählte uns, daß die alte Hebamme aus Muraz, *la coca*, die Elster genannt, die Onkel Hilaire bei meiner Geburt holte, die Schürze anbehielt, mit der sie eben den Kühen das Heu gebracht hatte. Nachdem sie die

Nachgeburt herausgeholt hatte, mischte sie den Schnaps mit dem Honig, ohne die Hände zu waschen. Wie widerlich!
Die Geburten fanden nicht immer unter guten Bedingungen statt. So ging die Großmutter von Roland und Jean, den Malern, zum Gebären in den Stall hinaus, weil sie das Schreien nicht zurückhalten konnte. Mit einer Laterne gingen ihr Mann und sie in den Stall zu den Kühen. Sie gebar ihren Sohn und kam, das Kind in die Schürze gewickelt, ins Haus zurück. Sie tat dies, damit die andern Kinder nichts hörten. Es waren viele, ungefähr fünfzehn.
Oft half die Schwiegermutter oder die Mutter bei einer Geburt. Aber meistens waren die Frauen allein. In meiner Kindheit hat nie jemand eine Frau bei der Geburt schreien gehört, ein paar schreckliche Fälle ausgenommen. In einem Fall hörte man es im ganzen Dorf, und alle gingen in die Kirche und beteten.
Diese Frau, die das fünfte Kind bekommen sollte, starb bei der Geburt. Beide sind gestorben, das Kind und die Mutter. Man hat sie im gleichen Sarg begraben. Mama erzählte, daß sie die Frau drei Tage lang habe schreien hören. Alle Frauen beteten, es möge zu Ende gehen. In jener Zeit starben die Frauen oft bei der Geburt. Frauen im Alter meiner Mutter sind zu Dutzenden gestorben, meistens nachdem sie schon viele Kinder hatten. Diese alten Mehrgebärenden, verbraucht durch die vielen Schwangerschaften, verbluteten und starben . . .
Mama erzählte uns oft, daß man bei ihrer besten Freundin gehört habe, wie das Blut auf den Boden tropfte. Man hatte den Arzt gerufen, aber er hatte kein Auto und kam zu spät nach Niouc. Die Frau war schon tot, man konnte nichts mehr machen.

Die große Entscheidung –
Aufbruch nach Genf

Ich habe bereits von meiner kindlichen Neugierde in bezug auf Geburten gesprochen, auch von den Kindern, die ich nicht gerne hütete. Und doch betätigte ich mich schon früh auf diesem Gebiet. Mit sechzehn Jahren pflegte ich eine Frau in Muraz, die Frau von Oscar Antille. Ich habe ihr bei der *relevailles*, beim ersten Ausgang, und im Haushalt geholfen. Ich mußte am ersten Abend die Wäsche von der Geburt waschen. Mir wurde schlecht dabei.

Ich fand, daß die Hebamme, Frau Moix, ein hohes Ansehen genoß. Sie kam zur täglichen Pflege. Man hielt jeweils für sie eine gute Mahlzeit bereit, Trockenfleisch, Käse, Würste! Mir schien, sie habe große Vorrechte, obschon sie gar nicht viel leistete. Ich mußte ja die Waschschüssel, den Nachttopf hinaustragen und leeren. Sie ließ alles in der Küche stehen. Von da an hatte ich Lust, den Beruf einer Hebamme zu erlernen. Ich habe mit Mama darüber gesprochen, aber sie hat mir abgeraten, mehr als einmal. Denn ich hätte von zu Hause weg müssen, was nicht unseren Gewohnheiten entsprach. Trotz unserer Armut ging man nicht ›in Stellung‹. Ich fragte auch Frau Moix um Rat, sie hingegen hat mich ermutigt.

Als ich siebzehn Jahre alt war, habe ich die ersten Schritte unternommen. Ich mußte mit der Anmeldung ganz allein zurechtkommen, denn meine Eltern wollten mir nicht helfen. Es war der Gemeindepräsident Edouard Zufferey von St. Luc, der Bruder des ›Bischofs‹ und von Roger, der mir sagte, wie ich es machen müsse, und der mich unterstützte. Wir wohnten im selben Haus. Zudem sollte jedes Bergdorf eine Hebamme haben. Die in St. Luc, die uns alle zur Welt gebracht hatte, war alt und wollte aufhören. Aber man mußte zwanzig sein, um diesen Beruf zu erlernen. Ich wollte jedoch nicht warten, sondern sofort anfangen.

Ich hatte die Körpergröße, die es brauchte. Der Gemeindepräsident verwendete sich dafür, daß man mich annahm. Es gebe sonst niemanden im Dorf, der diesen Beruf erlernen wolle. So erhielt ich eine Zusage.

Aber Papa wollte, daß ich die Schule in Freiburg und nicht die in Genf besuche. Doch leider konnte man in Freiburg in diesem Jahr keine Schülerinnen mehr annehmen. So fuhr ich also im August zur Aufnahmeprüfung nach Genf.

Meine Eltern mißbilligten es immer noch und wollten nicht, daß ich verreiste. Wenn ich jedoch im Oktober 1926 zum Schulbeginn nicht nach Genf gegangen wäre, hätte ich sicher für immer zu Hause bleiben müssen, denn meine Schwester Marie-Louise starb im darauffolgenden März. Ich hätte selber nicht mehr darauf beharrt, ich hätte nachgegeben und weiterhin daheim geholfen. Aber weil ich schon einige Monate lang die Schule besucht hatte, als meine Schwester starb, konnte ich weitermachen. Dies, obschon ich wegen des Todesfalls Urlaub nehmen mußte. Ich durfte jedoch nicht, wie die andern, am 1. Oktober schon nach Hause zurückkehren, sondern mußte diesen Monat nachholen.

Ich war also achtzehn Jahre alt, als ich nach Genf zur Aufnahmeprüfung ging. Das wurde zu einer eintägigen Expedition! Ich war vorher noch nie mit der Eisenbahn gefahren, aber ich kam trotzdem allein zurecht. Ich bin in den Zug eingestiegen und bin auch in der Maternité gelandet, wie, weiß ich nicht mehr. Von Sierre nach Genf gab es noch keine elektrische Linie, der Zug fuhr mit Dampf, ›tschutschu, pf-pf . . .‹

Dies war auch mein erster Aufenthalt außerhalb der Familie. Ich erinnere mich noch an das aufregende Gefühl, allein zu sein. Ich war ängstlich, ich fühlte mich fremd, war schüchtern, ahnungslos. Später habe ich Mama oft Vorwürfe gemacht, daß sie mich so ziehen ließ, ein junges Mädchen ohne jede Lebenserfahrung. Ich wollte Hebamme werden, aber ich wußte nicht einmal, wie man die Kinder bestellt! Das ist sicher kaum glaubhaft, aber so war es. Trotz meiner Neugierde in bezug auf die Geburten hatte ich keine Ahnung.

Damals trug man bei großen Anlässen die Tracht des Val d'Anniviers. Ich wollte sie nicht anziehen, als ich nach Genf ging. Ich besaß nur die eine Tracht, die für mich genäht worden war, als ich sechzehn Jahre alt war. Man trug sie dann zwei oder drei Jahre. Es war eine Tracht aus grünem Moiré mit schwarzen Schnürbändern. Um mich besser zu kleiden, kam meine Schwester Marie-Louise mit mir nach Sierre zu Rauch und Martinelli. Ich wählte einen grauen Hut und eine geblumte grüne Bluse. An die Farbe des Rocks erinnere ich mich nicht mehr. Auf jeden Fall war ich stolz darauf, gut angezogen zu sein. Ich machte mich über ein Mädchen aus Chermignon lustig, das seine Tracht trug.

Beim Examen mußte man ›das Nötigste‹ schreiben können. Das umfaßte unter anderem ein Diktat über ein Thema aus der Geographie. Wir wurden gefragt, durch welchen Kanton die Rhone fließe. Welche Frage für eine Walliserin . . . Einige bestanden das Examen nicht, sehr wahrscheinlich konnten sie nicht gut genug schreiben.

Ich habe es geschafft und wurde an der Schule aufgenommen. Das Schulgeld betrug tausend Franken für zwei Jahre, was damals eine große Summe war, besonders für kleine Leute. Ich hatte das Glück, eine Ausbildung zu erhalten.

Ich bin am 1. Oktober 1926 als Schülerin in die Maternité eingetreten. Die Schulvorsteherin war Schwester Rose, eine Diakonissin aus St. Loup. Sie war sehr streng, aber gerecht. Die Schülerinnen wurden mit dem Familiennamen und mit ›Madame‹ angesprochen. Dies mit Rücksicht auf die Wöchnerinnen, die sich scheinbar geniert hätten, mit Fräuleins zu tun zu haben . . .

Als wir in der Maternité ankamen, zeigte man uns zuerst unsere Zimmer. Es gab zwei große Schlafsäle mit je acht Betten und Viererzimmer für ungefähr zwanzig weitere Schülerinnen. Ich war in einem der Schlafsäle. In meinem Kurs war auch eine Genferin, die wir *la puce*, den Floh, nannten. Sie war gleich alt wie ich. Es waren auch andere Mädchen aus dem Wallis dabei, eines aus der deutschen Schweiz.

1927 im Garten der Maternité in Genf

Es war *la puce*, die mir das Velofahren beibrachte. Dank ihr habe ich es im Hof der Maternité gelernt.
Die Schwestern von St. Loup waren protestantisch, wir jedoch mehrheitlich katholisch. Wir hatten das Recht, zweimal im Tag zur Messe zu gehen. Jeden Abend mußten wir an der Andacht mit protestantischen Gebeten und Gesängen teilnehmen. Das war schwer für meinen Vater, denn damals waren die Unterschiede zwischen protestantisch und katholisch noch sehr ausgeprägt.
Für meinen Vater war das der Untergang, denn es bedeutete sogar eine Todsünde, wenn man sich einen protestantischen Begräbniszug ansah! Er hatte auch Angst, daß ich mich von meinem Glauben lösen könnte.
Dr. Châtillon war Chefarzt der Maternité. Er hat mir viel beigebracht; ich bin ihm sehr dankbar dafür, daß er mich unterrichtet hat. Ich habe ihn nie vergessen.
Die Schulordnung war schrecklich. Ausgehverbot, drei Stunden Freizeit in der Woche, einen freien Sonntagnachmittag im Monat und das Recht, zur Messe zu gehen. Acht Tage Ferien im Jahr und mehr als zwölf Arbeitsstunden täglich.

Im ersten Jahr durften wir allerdings hie und da ausgehen, dann nämlich, wenn jemand das Geburtenregister, das ›große Buch‹, wie wir es nannten, aufs Genfer Stadthaus bringen mußte. Wir wechselten dabei ab.

Unsere Ausstattung bestand aus vier weißen Kitteln, aus vier Schleiern und einem großen Viereck aus feinem Leinen, für das wir selber aufkommen mußten. Die Maternité lieferte die weißen Schürzen. Kein einziges Haar durfte unter dem Schleier zu sehen sein, und die Schürzen mußten unsere Fesseln bedecken.

Die meisten von uns hatten selber Tabus, wir waren unglaublich prüde und schamhaft: Man durfte weder seinen eigenen Körper, noch den der anderen ansehen, und noch weniger hätten wir uns getraut, unsere Blicke auf den Körper einer Wöchnerin zu richten. Bei unserer Erziehung war dieses Gebiet ausgeklammert worden. Was wir hier erlebten, bedeutete eine große Umstellung. Es war sehr schwer, und ich habe während meiner ganzen Ausbildungszeit darunter gelitten. Mehrmals habe ich dies in Briefen niedergeschrieben, sie jedoch nie abgeschickt. Papa und Mama hätten sicher verlangt, daß ich die Schule verlasse. Aber wenn ich nach St. Luc zurückgekehrt wäre, hätte man sich über mich lustig gemacht. Man hätte mir einen Übernamen gegeben, und davor hatte ich Angst. Man fürchtete solche Spitznamen – das hat mich dazu gebracht, nicht aufzugeben. Spitznamen machen einem das Leben schwer. Sie können sehr böse sein, und das ist mit ein Grund, weshalb ich so lange zögerte, überhaupt nach Genf zu gehen. Wäre meine Ausbildung nicht gut verlaufen und hätte ich nach St. Luc zurückkehren müssen, Gott weiß, welchen Spitznamen man mir gegeben hätte. Davor hatte ich Angst. Wenn ich im Unterricht müde und entmutigt war, dachte ich an den Spitznamen. Die Furcht, mich lächerlich zu machen, gab mir den Mut durchzuhalten.

Es kam auch meine erste Weihnacht ohne Familie. Ich sehnte mich schrecklich nach meinem Dorf, nach meinen Eltern. Obschon in der Maternité alles viel moderner war als zu

Hause, hatte ich doch Heimweh. Ich ging während der zwei Jahre nur zweimal heim, das erste Mal beim Tod meiner Schwester.

Die Arbeit war hart. Ich hatte Mühe, beim Nähen von Wunden zuzusehen. Auch wenn ich nicht hinschaute, wenn ich die Augen schloß, ich hörte trotzdem das Geräusch, das die Nadel beim Durchstechen machte. Für mich war es gräßlich. Mir wurde schlecht, ich wurde ohnmächtig und fiel um. Was habe ich gelitten! Bei allem, was ich sah, wurde mir übel. Nur ein Kaiserschnitt machte mir nichts aus, weil die Frau zugedeckt war und man sie nicht sah.

Schwester Rose, die Vorsteherin, kam immer zu den Entbindungen. Ich hörte jeweils, wie sie mit langen Schritten durch den Gang eilte, der zwischen Unterrichtszimmer und Gebärsaal lag. Dann rief sie nach mir: »Salamin!« Da bekam ich Angst und zitterte schon im voraus.

1927. Vor dem Eingang zur Maternité.
Von links: Ich, Madeleine Schneider, eine Nachtschwester, und eine Schülerin, Fräulein Décosterd

Die verschiedenen Arbeiten waren nach einem genauen Programm auf die Schülerinnen verteilt. Zu zweit hatte man Dienst im Gebärsaal, bei der Pflege der Wöchnerinnen, abwechselnd bei Privatpatientinnen und in den beiden Sälen der allgemeinen Abteilung. Die eine Schülerin tat Dienst bis am Mittag und ging dann schlafen. Wer Nachtwache hatte, durfte anschließend bis mittags schlafen und arbeitete dann bis fünf Uhr nachmittags. In der folgenden Nacht schlief sie. Das war am mühsamsten. Wir waren jung, und der Schlaf von sieben Uhr früh bis Mittag war kurz. Es war ein beständiges Kommen und Gehen. Es war hart, Tag und Nacht das Stöhnen der Frauen zu hören. Zum Glück waren wir nur bei Frauen dabei, die schon einmal geboren hatten. Man machte damals keinen Dammschnitt. Wir mußten den Damm festhalten, um Risse zu vermeiden.

Man benutzte damals auch noch keine Handschuhe. Man desinfizierte seine Hände, indem man sie lange bürstete, nach der Uhr, die zur Kontrolle da hing. Nachher verwendete man Jod und Alkohol, wenn man innerlich untersuchen mußte.

Im ersten Jahr hatten wir während zweier Tage Unterricht bei Schwester Rose, der Oberschwester. Sie war schon über vierzig Jahre an der Maternité. Dann gab es auch Assistenzärzte und solche, die für ihren FMH, für ihre Spezialausbildung, ein Praktikum machten. Man mußte viel lernen. Das Lehrbuch, das wir im Unterricht verwendeten, handelte von der Anatomie der Frau, des Fötus und des Kindes.

Im ersten Jahr hatten wir ein Examen, das recht leicht war. Wer durchfiel, wurde am Ende des Jahres zurückgeschickt. Ich selber war übrigens auch gefährdet, weil ich zu sensibel war. Aber ich gab mir Mühe, gegen die Übelkeit, die psychischer Natur war, anzukämpfen, und sie ging wirklich vorüber. Zwei Schülerinnen wurden weggeschickt, allerdings aus Gründen, die nichts mit ihrer Arbeit zu tun hatten, sondern wegen Dingen, die man nicht tut, wenn man eine Hebammenschule besucht. Die eine wurde im Besenschrank zusammen mit dem Mann erwischt, der die Gänge putzte. Sie wurde unverzüglich nach Hause geschickt.

Wenn in der Nacht irgend etwas passierte, läutete es im Schlafsaal dreimal, und wir mußten in fünf Minuten unten sein. Wir zogen schnell die Kittel über unsere Nachthemden und setzten den Schleier auf den Kopf. Es war keine Schwesternhaube, sondern ein Schleier. Büstenhalter kannte man damals noch nicht. Ich trug Stoffmieder, die Marie-Louise genäht hatte, und die etwas einengten. Ich erinnere mich, daß Mama Röcke mit solchen Miedern trug. Sie waren in Falten gelegt, um der Brust etwas Halt zu geben.

In der Maternité in Genf trugen die Frauen Nachthemden, die im Rücken zugeknöpft wurden. Es gibt sie auch heute noch. Dann gab man ihnen einen großen Spital-Morgenrock aus einem Stoff im Hahnentrittmuster, mit Achselpatten und tiefen Falten rundherum. Man durfte keinen eigenen Morgenrock tragen. Es gab jedoch nur eine Größe. Für eine normale, eher stattliche Figur ging das noch an, aber kleine Frauen verloren sich fast in ihren Morgenröcken.

Alle Frauen wurden beim Eintritt zuerst einmal gebadet. Die Schülerin, die gerade Dienst hatte, übernahm dies. Die Ehemänner der Frauen auf der Privatabteilung durften bleiben, die auf der allgemeinen Abteilung mußten ihre Frauen verlassen. Man sagte den Frauen: »Verabschieden Sie sich jetzt von Ihrem Mann!«

Er sah sie nicht mehr, bis die Geburt vorüber war. Diese Maßnahme war verständlich, denn es gab nur zwei Gebärsäle für mehr als tausend Geburten im Jahr. Man kam aus Savoyen, von Thonon und Evian, aus der ganzen Umgebung nach Genf.

Wenn eine Frau eintrat, wurde sie von einer Schülerin in Empfang genommen. Diese ging mit ihr ins Badezimmer, legte alle Kleider, den Mantel ausgenommen, in ein mit dem Namen der Frau beschriftetes Tuch und führte sie dann in den Gebärsaal. Dort waren Mütter, die soeben geboren hatten, andere, die stöhnten, und solche in den Preßwehen. Es war ein rechtes Durcheinander. Es war unmöglich, auch noch die Männer dabeizuhaben – was hätten sie auch tun sollen? Wir waren ein Team, und manchmal kamen Assistenten und Praktikanten

dazu, um Eingriffe vorzunehmen, wenn dies nötig wurde. Es waren Ärzte, die kurz vor dem FMH standen.
Der Saal war ein wahres Babylon. Die Frauen bekamen begreiflicherweise eine Heidenangst, wenn sie all dies sahen. Bei der Pflege machten wir ziemlich alles. Auf einem großen Marmortisch im Zimmer der Mutter wuschen und wickelten wir die Bébés. Die Zimmer mußten wir ganz allein besorgen, die Reinigung, aber auch die Pflege der Frauen. Ich sagte oft, daß man uns anstelle des Hebammendiploms ein ›Putzlappendiplom‹ hätte geben sollen!
Im zweiten Jahr hatten wir Unterricht zusammen mit den Studenten, die ihr Praktikum an der Maternité machten. Die Kurse wurden von einem berühmten Professor, Dr. Châtillon, gegeben. Inzwischen ist er gestorben. Er war für uns Hebammen ein prima Lehrer; er legte viel Wert darauf, uns zu zeigen, wie man den Beruf der Hebamme in einem abgelegenen Bergdorf ausüben kann. Er hat uns eine Menge Tips gegeben, die uns später in der Praxis geholfen haben. Ich habe oft davon profitiert.
Während des Unterrichts führte der Professor den Zuhörern auch pathologische Fälle vor, und wir machten uns Notizen darüber. Übrigens trug mir mein Heft von diesen Kursen die beste Note ein.
Man bildete uns nur in Geburtshilfe aus. Erst gegen Ende des zweiten Jahres kam man kurz in die Poliklinik, während zwei Monaten, gerade Zeit genug, um einen knappen Überblick zu bekommen. Zu Hausgeburten ging man nie, denn es gab dafür diplomierte Hebammen, die nichts anderes machten.
Das Leben in einer Hebammenschule war sehr streng. Robert Martin, Albert Balmer und zwei oder drei andere Klassenkameraden von St. Luc kamen mich besuchen. Ich sehe sie heute noch zur Maternité heraufsteigen. Als Rekruten in Urlaub trugen sie die Uniform. Es wurde mir gestattet, mich mit ihnen im Zimmer, wo die Neugeborenen getauft wurden, zu unterhalten. Dort empfing man jeweils Besuche. Sie wollten, daß ich mit ihnen am Abend ausgehe, aber das wurde nicht gestattet.

168

<u>Clinique du 3 V 1928</u>

<u>Obs Obst</u> N° 265/28

Hier nous sommes arrivés à la II manoeuvre de palpation dans l'étude de la <u>présentation longitudinale variété podalique mode des pieds.</u>

<u>III manoeuvre</u>: La partie qui se trouve au dessus du détroit supérieur n'est pas engagée.
<u>Auscultation</u>: Bruits du coeur à gauche et au dessus de l'ombilic
<u>Toucher rectal</u>: nous le faisons toujours et d'abord le toucher <u>vaginal</u> ne se fait que si on n'arrive pas par le <u>toucher rectal</u>. Il y a dilatation pour 3 francs. Elle augmente lentement
<u>IV manoeuvre</u>: Le dos tourne en avant.
Présentation longitudinale variété podalique position S.I.S.A. puis changement en S.I.D.A. Attitude. Siège décomplété, mode des pieds
L'écoulement des eaux se fait

<u>Palpation</u> III me et IV me manoeuvre

Mein Kursheft

40

normalement
les pieds apparaissent à la vulve. Il est dangereux de

le laisser venir spontanément. Il risque d'être asphyxié.

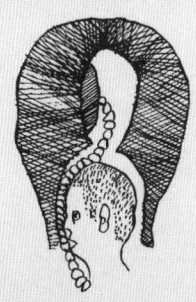

Céphalirucedent

La tête fœtale comprimerait le cordon ombilical. On laisse évoluer l'enfant jusqu'aux omoplates. Alors on applique l'extraction de V. Deventer Müller. Les conditions sont les mêmes comme pour le forceps. L'enfant naît en asphyxie bleue.
    Je vous présente ici son enfant avec un céphalématome

Extraction

Man hatte nur selten frei: von zwei Uhr, nachdem die Frauen gestillt hatten, bis fünf Uhr. Während dieser drei Stunden trieben wir uns in der Stadt herum. Manchmal besuchten wir Damen, die wir gepflegt und die uns eingeladen hatten. Wir hatten oft den *cafard*, denn wir hatten kein Familienleben, im Grunde war es wie in der Rekrutenschule. Zudem war man damals nicht so frei: Wir hätten nie gewagt, mit einem Burschen auszugehen oder in einem Restaurant ein Glas Wein zu trinken. Aber einmal gingen wir zu zweit oder zu dritt ins Gelände des Plainpalais. Dort fand eine Kirchweih, eine Art Volksfest statt, bei dem auch Neger auftraten. Der eine spielte Banjo, der andere war in seiner Landestracht gekleidet. Wir wurden zusammen fotografiert; ich habe das Bild heute noch in meinem Fotoalbum.

In der Maternité hatte man Kontakte mit den jungen Assistenten. Ich hätte mich leicht verführen lassen können. Sie waren doch Akademiker, nicht wahr! Es waren alle Nationalitäten vertreten: Iraner, Ägypter, Syrer. Wenn die Schwester dabei war, sprach man kein Sterbenswörtchen mit ihnen, wir wagten nicht einmal, die Assistenten anzusehen. Natürlich waren auch wir junge Mädchen, aber – bei Gott – wir wagten sie nicht anzusehen.

Bei einer Entbindung wetteten ein Assistent und ich um eine Tafel Schokolade: Mädchen oder Knabe? Ich erinnere mich, daß er verloren hat. Er hat mir die Schokolade im Hörsaal gegeben; es geschah nichts weiter. Schwester Rose hatte es gesehen. Ich wurde bestraft und bekam eine Woche lang nie frei. Davor hatten wir Angst! Eine Woche ohne Freizeit, wenn man täglich in aller Herrgottsfrühe und dazu noch in der Nacht aufstehen mußte. Das war wie in der Rekrutenschule.

Im zweiten Jahr hatten wir während zweier Tage Examen, mündliche und praktische. Sie waren recht leicht. Aber ich hatte trotzdem Angst. Um mir Mut zu machen, bat ich meine Familie, mir eine Flasche Malvoisie zu schicken. Mit einigen anderen Walliserinnen zusammen trank ich die Flasche vor dem Examen leer: Wir waren danach alle sehr beredt, alles ging

gut. Der Professor war zufrieden mit uns. Die Experten für die praktischen Fächer waren Ärzte aus der Stadt. Der Professor war nur da, um Erfolge und Mißerfolge zu ernten.
In der Theorie wurde ich nach der Klassifizierung der weiblichen Becken gefragt. In den praktischen Fächern mußte ich eine Geburt an einer Puppe – Sylvie genannt – vorzeigen: wie man das Kind faßt, seinen Kopf, wie man es in die Luft hebt, wie man es schüttelt. Man machte damals keine Beatmung, man schüttelte das Kind. Man hielt es an den Füßen hoch, ein kleiner Schlag gegen den Nacken, fast wie bei einem Kaninchen, und die Kinder fingen an zu weinen.
Bei der Verteilung der Diplome waren das Komitee und die Leute, die unsere Examen abgenommen hatten, anwesend. Professor Humbert, damals Präsident der Prüfungskommission, überreichte uns die Diplome. Wir bedankten uns – das war alles. Damals machte man noch keine großen Komplimente! Man feierte das Diplom auch nicht. Das war nicht Brauch, und wir hatten auch kein Geld, denn wir verdienten ja nichts.
Ich verließ Genf mit reichen Kenntnissen in meinem schönen Beruf – und mit meinem Hebammenköfferchen, das übrigens beim Schlußexamen einer genauen Kontrolle unterzogen worden war. Ich hatte es bei Hausmann in Lausanne gekauft. Es war aus Leder, und ich habe 1928 zweiundsechzig Franken dafür bezahlt. Ich besitze es heute noch. Es hat innen Abteile für Flaschen, die in Behältern aus Nickel geschützt sind. In einer Flasche war Silbernitrat, das man damals als Augentropfen für die Neugeborenen brauchte. Dann enthielt der Koffer ein Stethoskop, eine Milchpumpe, eine Metallsonde in S-Form, ein Röhrchen für das Esbach-Reagens, ein Stethoskop aus Holz, ein Rißmann-Gerät, um die Aorta zu komprimieren, Pinzetten, Faden, um die Nabelschnur abzubinden, eine Handbürste, Alkohol, sterile Kompressen, grauen Leinenstoff, in den ich die Instrumente wickelte, Klammern, Vioformpuder.

Rückkehr nach Sierre –
Der Anfang im Beruf

Ich bin am 1. November 1928 nach Sierre zurückgekehrt. Unglücklicherweise habe ich gleich eine schwere Angina erwischt, die acht Tage dauerte und nachher zu einem Gelenkrheumatismus führte, der bis in den März hinein ein Arbeiten weitgehend verunmöglichte.
Im März 1929 habe ich mit meiner Berufstätigkeit angefangen. Obschon ich mich wegen meines Rheumas noch nicht allein kämmen konnte, habe ich doch mein erstes Bébé zur Welt gebracht. Die Mutter war froh darüber. Als ich ihr gratulierte, daß sie mir als meine erste Wöchnerin in Sierre ihr Vertrauen geschenkt habe, antwortete sie: »Mein Gott, hätte ich das gewußt, ich hätte Sie nicht geholt!«
So fing meine berufliche Laufbahn an. Die Entbindungen fanden alle daheim statt, was für mich viel Hin und Her bedeutete. Auch mußte ich ständig zur Verfügung stehen.
Oft ging ich am Morgen weg und kam den ganzen Tag über nicht mehr nach Hause. Ich aß mein Mittagessen unterwegs oder bei jemandem zu Hause. Für eine Geburt bekam ich zwischen zwanzig und dreißig Franken. Ich benutzte oft das Postauto und lud mein Fahrrad auf. Bis ich ein Auto kaufte, verbrauchte ich zwei Velos.
In Sierre ging ich während dreier Tage nach der Geburt täglich zweimal zur Pflege, nachher nur noch einmal. Ich sagte den Müttern: »Morgen komme ich um diese und diese Zeit. Halten Sie abgekochtes Wasser bereit!«
Es kam vor, daß ich gleichzeitig vierzehn Wöchnerinnen zu betreuen hatte, in Muraz, in Noës und zwei oder drei in Sierre. Ich richtete es immer so ein, daß ich zur Mittagszeit dort war, wo ich am meisten Lust hatte zu essen.
Sieben oder acht Tage nach der Geburt ging ich nur noch jeden zweiten Tag hin, und manchmal zeigte ich dem Ehemann, wie

man die Toilette machte. Die Männer waren recht geschickt. Die ersten vier bis fünf Tage ging ich selber hin, einmal täglich, besonders wenn die Frauen genäht worden waren. Man hatte damals große, dicke Klammern, die sehr stark klemmten und kniffen. Man verwendete sie mehrmals. Ich legte sie selber an und überwachte sie deshalb besonders gut.

Eine meiner Aufgaben bei der Hauspflege war auch, die Frauen zu waschen und zu kämmen. Sie trugen fast alle ein Chignon. Ich mußte jeweils zuerst die Kinder wegschicken, die im Bett der Mütter lagen, bevor ich Toilette machen konnte. Oft waren es sechs oder sieben, die auf dem Bett der Mutter spielten, während der Vater auf dem Feld arbeitete.

Zu jener Zeit trugen die Frauen keine Nachthemden, sondern kleine Mäntelchen, die man *paletolèt* nannte. Es waren kleine, weiße Westen, die vorne geschlossen wurden. Darunter hatten die Frauen nichts an.

Einmal wurde ich mitten in der Nacht zu einer Entbindung gerufen. Mehrere Kinder schliefen im unteren Teil des elterlichen ›Schubladenbettes‹. Als die Mutter Preßwehen bekam, erwachten die Kinder. Der Vater deckte sie mit einem Leintuch zu, aber alle drei richteten sich auf, um mir zuzusehen.

Leider konnte man nicht immer auf die Männer zählen. Einige waren nett, andere weniger. Einige tranken auch. Das war schrecklich. Einmal habe ich die Frau eines Trinkers entbunden. Diese Geburt dauerte sehr lange. Als die Preßwehen einsetzten, war der Mann stockbetrunken. Er war nicht mehr fähig zu helfen, als ich jemanden brauchte, um ein Bein zu halten.

Meistens legte ich, wenn das Kind kam, den einen Fuß der Frau gegen meine Hüfte und stützte sie am Knie. Der Mann sollte auf der andern Seite dasselbe tun. Diese Frau sagte zu ihrem Mann, der Augustin hieß: *Y'é tann ma ö cöc... J'ai tant mal au cul:* »Ich habe solche Schmerzen am Hintern.« Er war so betunken, daß er ihre Geschlechtsteile küßte.

Ein anderes Mal mußte ich mich gegen den Mann einer Patientin wehren. Sie wohnte in Veyras. Der Mann begleitete

mich heim nach Muraz. Plötzlich stieß er mich zu Boden und fiel mich an. Ich konnte mich jedoch verteidigen.
Dann war da auch das junge Mädchen, das ein Kind von seinem Bruder zur Welt brachte.
Der schlimmste Fall meiner ganzen Berufstätigkeit war derjenige, bei dem die Wehen fast eine ganze Woche lang dauerten. Der Arzt war nicht Gynäkologe, es gab damals bei uns noch keinen. Er hatte zu lange zugewartet. Das Kind war verloren, und ich fürchtete für das Leben der Frau. Aber ich war erst zu kurze Zeit Hebamme, als daß ich gewagt hätte, etwas zu sagen und Dr. Turini zu rufen. Zudem war der Ehemann bei der Partei der Radikalen, und man kennt ja die Animositäten der Konservativen gegenüber den Radikalen. Die holten sowieso nur einen Arzt, der auch bei den Radikalen war. Ich überließ also den Entscheid dem Ehemann, der Dr. Besse, einen Radikalen, holte. Dr. Besse selber rief schließlich Dr. Turini. Dieser mußte mit einem speziellen Instrument den Kopf des Kindes vierteilen. Mein Gott, war das schrecklich! Das Kind war tot. Ich weiß nicht, wie ich das ertragen habe. Aber um die Mutter zu retten, blieb Dr. Turini nichts anderes übrig. In Genf hätte man einen Kaiserschnitt gemacht, aber das machte man damals in Sierre noch nicht. Das war der schlimmste Fall meiner ganzen Tätigkeit.
Anderseits gab es auch erheiternde Episoden. So zum Beispiel die Frau mit den Zwillingen. Als ich einmal zu ihr kam, lag sie auf dem Bett, stillte die beiden Buben und las dazu. Nur beim Stillen fand sie Zeit zum Lesen. Sie hatte schon ein Töchterchen und daher recht viel Arbeit.
Während einer Zeit, in der ich gerade viele Wöchnerinnen zu pflegen hatte, wurde ich zu Henri Pont, zur Geburt der kleinen Simone gerufen. Die Geburt war mühsam, und deshalb war die Nase des Neugeborenen seitlich ganz gegen die Wange gedrückt. Henri sagte zu mir: »Wenn diese Nase so bleibt, dann kannst du dich auf etwas gefaßt machen!« Ich habe ihm erklärt, daß das Becken seiner Frau schuld daran sei und daß sich dies auswachsen würde. Ich richtete es so ein, daß ich hie und da bei

ihm zum Essen war. Er kochte sehr gut, Trockenfleisch und Polenta. Wir waren übrigens verwandt. Er wiederholte: »Du bekommst jetzt genug zu essen, aber wehe, wenn die Kleine diese Nase behält!« Sehr viel später sagte ich einmal zu Simone: »Du hast eine schöne Nase, obschon dein Vater solche Angst hatte!«

In den Häusern gehörte ich fast zum Mobiliar. Wenn ich etwas brauchte, suchte ich in den Schränken danach. Ich mußte zurechtkommen, mich in die Familien einfügen. Wenn Kinder da waren, mußte ich aufpassen, meine Sachen außer Reichweite ihrer Hände oder in Schränken zu versorgen. Ich legte mir beiseite, was ich zur Pflege brauchte.

Ich kochte Wasser für den nächsten Tag, legte die Baumwolltücher hinein, die ich am andern Tag für die Pflege brauchte. Man mischte dann frisches, kochendes Wasser darunter. So bereitete ich jeden Tag das Wasser für den nächsten vor und bedeckte das Ganze mit einem Tuch.

Sterile Gaze gab es damals noch nicht. Ich kochte Lappen, Stoffreste, alte Hemden aus und verwendete sie bei der Geburt, um den Damm zu halten, und für die Nabelschnur des Neugeborenen. Im Anfang machte man mir schwere Vorwürfe, weil ich nur saubere Tücher verwendete. Wenn man zu Hause eine Zangengeburt machte, wickelte man ein Küchentuch um die Zange und kochte sie in einer Pfanne aus. Dann breitete ich das Tuch auf dem Arbeitstisch aus, den ich vorher zurechtgemacht hatte. Oft mußte ich mich mit dem Nachttisch begnügen.

Ich kochte meine Instrumente in einer verchromten Metalldose aus. Später, als ich schon im Spital arbeitete, ließ ich sie im Autoklaven sterilisieren. Aber auch auswärts schaute ich sehr darauf, nur wirklich sterile Instrumente zu verwenden, um Unannehmlichkeiten zu vermeiden. Das hatte man uns in Genf gelehrt. Man kann sagen, daß die Frauen zu Hause sehr selten Infektionen bekamen; sie waren gegen die Mikroben in ihrem Haus immunisiert.

Wenn die Frauen sich schon vorher bei mir meldeten, das geschah nicht immer, sagte ich ihnen, welche Medikamente sie kaufen sollten, wobei ich stets darauf achtete, daß sie nicht zu teuer waren. Ich trug ihnen auch auf, Haferspreu für die Matratze der Wiege zu besorgen. Aber wenn ich dann ankam, hatte man sehr oft noch nicht ans Bettchen gedacht. Manchmal war es ein Wäschekorb, meistens jedoch eine der traditionellen Wiegen aus Holz, die von Generation zu Generation vererbt wurden und die man zu diesem Anlaß vom Estrich herunterholte.

Ich erklärte den Frauen, wie sie die Matratze machen sollten, nicht zu hoch und nicht zu hart. Und auch, daß man das kleine Kopfkissen mit Hirse füllen mußte.

Wenn dann die Frau in den Wehen lag, bereitete ich eine Wärmflasche, das Häubchen und das Jäckchen für das Neugeborene vor. Häubchen waren damals Mode. Es gab sogar solche mit Perlenstickerei. Diese habe ich aber immer abgelehnt, weil sie auf dem Köpfchen Spuren hinterließen.

Im Wallis war es üblich, lange Bänder zu stricken, mit denen man das Kind gleich nach der Geburt satt umwickelte. Dies habe ich jedoch nicht mehr getan. In Genf hatte ich gelernt, das Kind in eine dreieckige Stoffwindel und dann in ein großes, viereckiges, aus Wolle gewobenes Tuch zu wickeln, das an der Brust mit einem Band festgehalten wurde. Es war sehr schwierig, den Müttern, und vor allem den Großmüttern, klarzumachen, daß das Kind sich so viel wohler fühlte. Es ging auch lange, bis sie begriffen, daß man das Bébé schlafen lassen und nicht immer aufwecken und auf den Arm nehmen soll. Alle meine Kolleginnen hatten die gleiche Mühe, diese Neuerungen einzuführen.

Zu jener Zeit legte man das Neugeborene während den ersten drei Tagen nicht an die Brust. Man mußte es dann mit einem kleinen Löffel ›verlocken‹, an der Brust zu trinken. Heute wird das Neugeborene schon vom ersten Tag an gestillt. Man wog die Kinder damals auch nicht, und die Mütter hatten keine Ahnung, wie man ein Bébé ernährt. So sind viele kleine Kinder an Darmentzündung gestorben, weil man ihnen unverdünnte Kuhmilch gab. Erst ungefähr seit 1938 konnte man Säuglings-

waagen mieten. Bis dahin gab man dem Kind jedesmals zu trinken, wenn es weinte, und man wußte nie, wieviel Milch es zu sich genommen hatte. Eine falsche Ernährung war der Grund für viele Todesfälle. Auf diese Weise hat meine Mutter fünf Mädchen verloren, noch bevor sie 18 Monate alt waren.
Für die Nabelpflege verrieben die Frauen damals ausgekochte Butter mit bestimmten Beeren und strichen das auf die Nabelschnur. In Genf hatte ich den Gebrauch von sterilen Kompressen gelernt. Ich wickelte die Nabelschnur sorgfältig in Gaze ein und legte dann einen Verband an, den man drei oder vier Tage nicht berühren durfte. Dann löste sich die Nabelschnur von selbst vom Nabel, wenn man den Verband abnahm.
Damals hatten die Leute noch kein Telefon, ich war die einzige in Muraz, die eines hatte. Aber oft kamen die Leute zu mir, um mich zu holen. Meistens, vor allem nachts, war es der Ehemann, der mich dann auch begleitete. Ich wußte nicht immer, wo die Patientinnen wohnten.
Nachts benützte ich mein Fahrrad meistens nicht. Am Tag nahm ich es mit, damit ich nachher heimfahren konnte. Während mich der Ehemann oder die Kinder abholten, blieb die Schwiegermutter oder eine Nachbarin bei der Frau.
Bei meiner Ankunft machte ich mir zuerst ein Bild über den Stand der Dinge. Ich sah an den Wehen und am Rhythmus des Stöhnens sofort, wenn es eilte. Wenn die Abstände zwischen den Wehen noch groß waren, machte ich jeweils zuerst einen Einlauf, denn die Frauen blieben ja nach der Geburt sieben Tage lang im Bett. Sie fragten mich immer, ob es wohl lange dauern würde. Meistens schonte man sie nicht und riet ihnen zu Geduld. Alle müßten das durchstehen. Ich sagte etwa: »Jetzt sind es nur Fliegen, die Sie plagen, wenn die Wespen kommen, werden wir weitersehen.«
Ich habe nie, wie viele meiner Kolleginnen, zu ihnen gesagt: »Als Sie ein Kind bestellten, haben Sie nicht gelitten – jetzt müssen Sie halt leiden, um es zu bekommen.«
Ich ging zu allen, die mich riefen, ohne Ausnahme. Meine Dienste habe ich nur einmal angeboten: Es war eine Dame,

deren Kind die dritte Generation war, die ich zur Welt brachte.
Ich wollte diese Frau unbedingt entbinden und habe es gratis
gemacht. Ein anderes Mal habe ich eine Geburtsanzeige erhalten, auf der stand, daß Adeline Favre dieses Bébé, seine Mutter
und seine Großmutter zur Welt gebracht habe.
Ich habe viel im Val d'Anniviers gearbeitet, mit dem Fahrrad
fuhr ich, so weit ich konnte. Als Hebamme bekam ich von der
Gemeinde Sierre einen kleinen Zuschuß, denn die Leute, zu
denen ich ging, bezahlten mir nicht viel. In Veyraz, in Noës gab
es keine Hebamme. So ging ich regelmäßig dorthin, auch nach
Chippis, wo die Hebamme zu alt war, um ihren Beruf noch
auszuüben.
Ich hatte ausgezeichnete Beziehungen zu den Familien, zu
denen ich ging. Wenn ich die Frauen kannte, duzte ich sie.
Während ich das Kind wusch, sprachen wir über alles mögliche.
Der Kontakt war sehr herzlich, etwas, das es im Spital nicht
gab, weil alles viel anonymer war.
Nachdem ich mir eine Ecke im Zimmer eingerichtet hatte,
überzog ich das Bett, damit die Matratze oder der Strohsack
nicht schmutzig würde. Dabei überwachte ich die Frau, bei der
sich jedoch manchmal gar nicht viel veränderte. Man hatte
damals noch keine Mittel zur Verfügung, weder zum Beruhigen
noch zum Beschleunigen. Wenn die Austreibungsphase begann, mußte der Ehemann beim Pressen helfen. Er mußte sich
auf die eine Seite stellen, ich stand auf der anderen. Ich legte
den Fuß der Frau oben an meine Hüfte und gab ihr die Hand,
an der sie ziehen konnte. Sie rissen mir oft fast den Arm aus!
Deshalb band ich ein Seil an einen Besenstiel. Eigentlich war es
Marcel Fournier, der bei der Geburt seiner ersten Tochter auf
die Idee kam. Ich schob das Bett gegen eine Tür, einen
Heizkörper oder ein Fenster, wo ich das Seil befestigen konnte.
Wir schoben das Bett oft quer durchs Zimmer, damit die Frau
am Besenstiel, der durch die Schlingen des Seils hindurchgesteckt wurde, ziehen konnte. Beim ersten Kind dauerte die
Austreibungsphase oft länger als drei Stunden, und die Preßwehen kamen alle fünf Minuten.

Wenn man mir heute sagt, daß Kinder durch lange Geburten geschädigt werden, kann ich nur lachen. Ich staune, daß wir nicht mehr Kinder mit zerebralen Schädigungen hatten, wenn man daran denkt, wie lange die Köpfchen eingeklemmt waren. Oft waren die Haare oben auf dem Kopf beim Austritt schon trocken, weil der Kopf so lange im Geburtskanal steckengeblieben war.

Oft gelang es mir, mit dem Ellenbogen die Geburt zu beschleunigen. Ich hielt mich mit der einen Hand am Bett fest, stellte den Ellenbogen auf den Bauch der Frau, preßte diese Hand gegen meine Wange und stemmte mein ganzes Gewicht auf den Arm.

Wenn das Kind dann da war, war die Freude riesengroß. Ich bereitete das Bettchen vor, wärmte es und sprach den Frauen Mut zu, daß jetzt bald alles vorüber sei. Ich verlangte, daß sie genau zusahen, was ich machte, denn damit nahmen sie auch an den Verrichtungen teil, und zudem lenkte es sie ab.

Und wenn ich dann mit allem fertig war, wenn beide gewaschen waren, die Mutter und das Neugeborene, dann gab es ein gutes Mahl! Bei den Bauern mußte man eine besondere Freude mit einem besonderen Essen feiern. Wenn es Nacht war, begleitete mich der Ehemann nachher nach Hause. Tagsüber ging ich allein. Nach jeder Entbindung blieb ich jedoch noch mindestens zwei Stunden bei der Wöchnerin, denn das Risiko war doch noch recht groß. Ich wartete, bis sie nicht mehr blutete. Wenn eine Frau zum Beispiel am Morgen zwischen neun und zehn Uhr niederkam, kam ich zur Pflege noch am gleichen Abend wieder und auch am nächsten Morgen.

Oft war dies nicht einfach, und meine Aufgabe ging über die einer Geburtshelferin hinaus. Ich erinnere mich an eine Geburt in Noës. Eine Frau – sie war besonders nett – bekam jedes Jahr ein Kind. Ihr Mann trank ein wenig; er war nicht bösartig, aber er sorgte für nichts. Es war nichts vorhanden in diesem Haushalt. Ich mußte bei den Nachbarn um Holz betteln; ich mußte sogar den Ofen putzen; damit ich überhaupt Feuer machen konnte, die Aschenschublade war übervoll. Ich mußte im Brunnentrog Wasser holen. Damals gab es ja noch kein fließendes Wasser und keine andern Bequemlichkeiten in diesen Häusern. Im Winter waren sie während der Nacht nicht geheizt, es gab ja nur einen Holzofen. Wenn die Geburt ganz überraschend losging, hatte ich oft nicht einmal mehr Zeit, den Ofen einzuheizen. Ich hatte immer Brennsprit bei mir, und im Moment, wo das Kind kam, zündete ich etwas davon an. Die Frauen klapperten mit den Zähnen, wenn sie in solch eiskalten Zimmern gebären mußten; sie hatten Hühnerhaut und waren blau vor Kälte. Derartige Hausgeburten waren eine Qual! Und in solchen Fällen konnte ich doch nicht viel Geld verlangen.

Zum erstenmal sah ich eine Hasenscharte bei einem Mädchen, das ich zur Welt gebracht hatte. Bis dahin hatte ich Glück gehabt; andere Mißbildungen waren mir schon begegnet, aber nicht diese! Und zudem ereignete sich dies am Anfang meiner Tätigkeit. Damals war man noch sehr gläubig. Ich bat für dieses Mädchen um eine *messe de charité*, eine Messe der Barmherzigkeit, eine weiße Messe, wie man sagte. Man verlangte fünf Rappen pro Person. Ich gab das Geld dem Pfarrer, damit er eine Messe lese und das Kind sterben könne! Es ist aber nicht gestorben, es hat sich gut gemacht und hat sogar geheiratet, trotz eines kleinen Sprachfehlers. Wenn ein Kind eine Hasenscharte, einen Wolfsrachen oder oft beides zusammen hatte, behielt man es bis zu den Operationen zu Hause. Die ganze Nahrung floß wieder zur Nase heraus. Ein solches Kind zu Hause zu pflegen, ist kein Vergnügen für die armen Eltern!

Weil ich so von Haus zu Haus kam, nahm ich auch sehr am Alltagsleben der Familien teil. Meine erste Aufgabe nach der Geburt war jeweils, das Kind zur Taufe vorzubereiten. Ich mußte es anziehen. Das gehörte dazu. Dann geschah es oft, daß man mich bat, auch gleich Patin zu sein. Vor allem bin ich mehrfach Patin von Zwillingen. Die Leute hatten dies nicht erwartet und nur für eine Patin gesorgt. Zuerst habe ich immer zugesagt, aber mit der Zeit mußte ich auf diese Ehre verzichten. Trotzdem war ich bei jeder Taufe dabei – der Hebamme ergeht es wie dem Pfarrer: Wenn man bei den einen dabei ist, muß man es auch bei den andern sein, sonst gibt es Eifersüchteleien.

Für die Taufe war Weiß die übliche Farbe. Man zog dem Kind ein weißes Kleidchen und einen Schleier an und schmückte es mit Blumen und bunten Bändern. Rosa für die Knaben, hellblau für die Mädchen – heute ist es gerade umgekehrt. Ich mochte Bänder nicht und brauchte sie nur, wenn die Eltern wirklich darauf beharrten. Was die Blumen anbetrifft: Es gab Nelken für das Kind und ein Sträußchen für den Paten.

Später, im Spital, fand die Taufe in der Spitalkapelle statt, was allerdings dann von den Pfarrgemeinden verboten wurde. Man hielt also die Taufen wieder in den Kirchen ab.

Getauft wurde am Morgen. Nach der Messe gingen alle ins Haus des Täuflings. Wenn das Haus nur ein Zimmer hatte, hielten sich alle dort auf. Die Wöchnerin lag im Bett und wäre oft lieber allein gewesen. Nach der Geburt brauchte sie doch hie und da auch den Nachttopf – sie mußte leiden . . .

Als ich noch zu den Taufen ging, wurde ich einmal nach Drône ob Savièse gebeten. Die Dame war zur Geburt ins Spital gekommen. Ich dachte, ich sei unter die Wilden gefallen. Auf dem Tisch standen riesige Weinkrüge. Zuerst gab es Raclette, dann servierte man Trockenfleisch und dann noch Braten. Es war eine wahre Orgie! Ich weiß nicht, was sie nachher noch alles aßen, denn ich ging weg, als sie noch bei Tisch saßen.

Bei uns benahm man sich anders! So etwas gab es nicht. Die Leute des Dorfes kamen mit Wein oder Kuchen, um die Taufe zu ›ehren‹. Man setzte sich zu Tisch und aß, was die Leute gebracht hatten. Man plauderte, sang und erzählte sich zuletzt Witze.

Seit ungefähr 1950 bin ich aus Gesundheitsrücksichten nicht mehr zu Tauffeiern gegangen. Ich wog doppelt soviel wie ich sollte. Alice Berclaz, die uns in der Maternité half, sagte jeweils, daß ich ganz schräg durch die Gänge gehen müsse. Ich konnte mich fast nicht mehr fortbewegen, so dick war ich. Der Internist Jean-Louis de Chastoney wollte mich einmal wiegen. Aber weil die Waage ›nur‹ bis 125 Kilo ging, fand man nie

Die Zwillinge Marcel und Olga Mudry, geboren am 18. Mai 1934, und ich in Niouc

heraus, wie schwer ich wirklich war – der Zeiger schoß weit über die letzte Zahl hinaus. Der Arzt verschrieb mir eine Diät, und von da an habe ich auf mein Gewicht und auf meine Gesundheit geachtet.
Die Tauffeste finden immer noch statt. Im Gegensatz dazu verschwand das Leichenmahl, ein alter Brauch im Val d'Anniviers, seit den fünfziger Jahren nach und nach. Bis dahin besaß jede Familie ihren ›Beerdigungs-Käse‹ und ihren ›Beerdigungswein‹. Nach der Hochzeit schon fingen die Eheleute an, für das Leichenmahl Käse und Wein beiseite zu legen. Es gab immer zwei Sorten Käse, einen, der mehrere Dutzend Jahre alt war, und frischen. Den Wein bezeichnete man als ›Gletscherwein‹, man bewahrte ihn in einem besonderen Fäßchen im Keller der Familie auf. Früher einmal hatten diese Beerdigungsfeiern eine große Bedeutung. Am Tisch im Gemeindehaus kamen alle Verwandten, Nachbarn, Freunde und Dorfbewohner zusammen, und niemand durfte seine Teilnahme verweigern. Man bewirtete ›im Namen des Verstorbenen‹. Für die Familie war es oft eine große finanzielle Belastung, für die sie manchmal sogar Geld aufnehmen mußte.

Die ersten Medikamente und die traditionellen Methoden

Die Frauen waren nicht gewohnt, zum Arzt zu gehen. Aber man hat ihnen doch klarmachen können, daß ein früher Kontakt mit der Hebamme wichtig ist.
Bevor Dr. Micheler kam, hatten wir außer den Naturheilmitteln keine Medikamente. Man machte Einläufe. Oft waren die Methoden noch primitiver. So hat Dr. von Werra den Ehemann einer Frau, die fast verblutete, in die nächste Wirtschaft geschickt, um drei Deziliter Dôle zu holen. Ich mußte ihr diese drei Deziliter Dôle als Einlauf in den Hintern jagen. Das hat ihr geholfen, sie aber auch betrunken gemacht. Diese Behandlung hatte den Vorteil, daß der Wein schneller wirkte, als wenn sie ihn getrunken hätte, ebenso erhöhte er den niedrigen Blutdruck sehr rasch. Man wandte dies in Notfällen an, um einen Kollaps zu verhindern. Übrigens hat sich diese Frau sehr gut erholt.
Wir setzten bei Thrombosen oder oberflächlichen Venenentzündungen sehr oft Blutegel an. Es waren Blutegel aus Bächen, sehr wahrscheinlich wurden sie aus dem Ausland importiert. Man kaufte sie in Gefäßen mit etwas Wasser in den Apotheken. Man setzte zwei, drei, vier auf die Vene, manchmal zwei Tage lang, bis sich der Blutpfropfen aufgelöst hatte. Die Blutegel wurden direkt auf die Haut der Kranken gesetzt. Wenn einer davonkriechen wollte, hielt ich ihn mit einem Schröpfglas an der richtigen Stelle fest. Meistens bissen sie sofort an. Sonst strich man etwas Rahm an die Stelle, wo sie saugen sollten. Die Frauen hatten diese Behandlung gar nicht gern, weil sie weh tat; einige ekelten sich auch. »Nur nicht hinsehen.« Wenn die Egel voll Blut waren, fielen sie ab. Wenn einer nicht loslassen wollte, streute ich ihm etwas Salz auf den Kopf, dann fiel er sofort ab. Damit man die Blutegel wieder brauchen konnte, legte man sie in Asche, dadurch entleerten sie sich. Dann

wurden sie in einem Einmachglas im Wasser aufbewahrt. Auf der Haut bildete sich dort, wo sie gebissen hatten, ein großer blauer Fleck, der dann langsam grün und gelb wurde, wie wenn man sich gestoßen hat.
Einmal erlitt eine Frau beim Aufstehen eine Lungenembolie. Damals hatte man noch keine Mittel gegen die Blutgerinnung, außer Liquemin und den Blutegeln. Sie wurde auf ihrer Matratze ins Spital transportiert, da sie sich nicht bewegen durfte. Sie lag vier Monate im Bett mit Venenentzündungen und Embolien. Um sie zu pflegen, mußte man das halbe Spital zusammenrufen, die Assistenzärzte mußten uns helfen, sie zu heben, um die Blutegel, Ichthyol und Liquemin anzubringen. Sie schrie entsetzlich. Ich habe zwei oder drei Nächte bei ihr gewacht; sie wurde immer wieder bewußtlos. Sie kam schließlich davon, aber die Folgen ihrer Krankheit spürte sie ihr Leben lang. Ich sehe Dr. Burgener noch immer vor mir, wie er, wenn er sie besuchte, seine Zigarette auf das Fensterbrett im Korridor legte. Das Brett war auf der ganzen Länge angesengt. Diese Zeichen, die an den Aufenthalt dieser Frau und an Dr. Burgener erinnerten, blieben sichtbar, bis die Fassade des Spitals abgerissen wurde.
Die Blutegel wurden nicht nur bei Krampfadern angesetzt, sondern auch bei Blutergüssen und bei Lungenentzündungen. Den Leuten, die unter Schlaganfällen litten, setzte man sie hinter den Ohren an. Diese Methode war sehr verbreitet. Ich habe den Kranken sehr oft Blutegel angesetzt oder auch Schröpfgläser; seltener habe ich blutig geschröpft, aber auch das habe ich manchmal gemacht.
Frau X hatte immer wieder schwere Venenentzündungen. Zuerst setzten wir Blutegel an, dann versuchten wir es mit Ichthyol. Sie hatte am ganzen Körper so stark geschädigte Venen, sogar am Bauch, daß sie oft mit Blutegeln förmlich bedeckt war. Mir schaudert heute noch, wenn ich daran denke. Ichthyol riecht nach Teer. Das war erfrischend für die andern Kranken. Man brauchte Ichthyol auch bei Abszessen an der Brust. Wenn eine Brust sich rötete, schwer wurde und die

Milch nicht mehr floß, behandelte man sie mit Ichthyol, was gut wirkte.
In Genf hatte ich gelernt, wie man Urinuntersuchungen macht. Ich machte bei allen meinen Patientinnen den Esbach-Test, eine Methode, um Eiweiß im Urin festzustellen. Sehr viel später erst, nach dem Krieg, habe ich auch Hämoglobinuntersuchungen gemacht. Ich habe auch angefangen, den Blutdruck zu messen. All das machte man in den ersten Jahren meiner Tätigkeit noch nicht.
Wenn eine Frau ein Ödem hatte, verbot ich ihr den Genuß von Salz, Eiern und Schokolade. Man hatte uns an der Schule gelehrt, daß diese drei Sachen schädlich seien. Das gehörte zur Behandlung, wenn Eiweiß im Urin war. Man schränkte damals die Flüssigkeitsaufnahme nicht ein. Gegen Blutungen legte man Eisbeutel auf. Man rannte zum Metzger oder in eine Bierwirtschaft, um Eis zu holen. In den Cafés gaben sie es nicht gerne. Damals gab es noch keine Kühlschränke, und man legte die Eisstangen in Sägemehl, damit sie nicht so schnell schmolzen. Mit Eis ging man sehr sorgfältig um, man lagerte es meistens im Keller. Die meisten Frauen besaßen einen Eisbeutel. Das war alles, was man hatte.
Nachdem Dr. Michelet eingetreten war, fingen wir an, Secacornin und Ampullen von Lanthol zu verwenden. Secacornin, ein Medikament auf der Basis von Mutterkorn, bewirkte Uterus-Kontraktionen. Man durfte es nie vor der Entbindung verabreichen, weder als Spritzen noch als Tropfen, sondern erst, wenn die Geburt vorüber war. Es war sehr wirksam. Später gab es das Puituglandol, das dann durch Pituitrin ersetzt wurde. Man brauchte Chinin, um die Kontraktionen anzuregen und zu verstärken. Man hatte das Gefühl, daß es wirke; während einiger Jahre verabreichte man im geheimen sehr viel Chinin. Später gab man kleine Dosen von Morphium zur Beruhigung.
Einmal gab es Komplikationen mit einem Kind, das innere Blutungen, Melaena, hatte. Dr. Michelet machte ihm eine intramuskuläre Spritze mit Coagulen, eines der wenigen Mittel, die man damals verwendete. Das Kind wurde gerettet.

Soviel zu den Medikamenten jener Zeit. Sie wurden jedoch nur vom Arzt verschrieben, denn meistens ging es um Dosierungen, die einer Roßkur gleichkamen.

Wenn die Nachgeburt nicht von allein kam, löste man sie von Hand, ohne Narkose. Zu jener Zeit, sogar während der ersten Jahre meiner Tätigkeit, durfte man die Plazenta nicht einfach irgendwohin tun. Es war Brauch, sie unter dem Dach oder im Keller zu begraben, auf keinen Fall durfte sie aus dem Haus gebracht werden. Und nie, auf gar keinen Fall durfte man die Plazenta wie die Abfälle vom Vieh auf den Misthaufen werfen. Ich habe sie allerdings immer verbrannt, allen Widerständen und Schimpfereien zum Trotz. Wenn die Specksteinöfen im Winter schön heiß waren, öffnete ich die Ofentüre und schwups . . . ins Feuer damit! Das brannte . . . Außerhalb der Heizperiode durfte man sie wegen ihres starken Geruchs nicht in den Ofen werfen.

Später habe ich die Nachgeburten in die Walliser und Genfer Sanatorien nach Montana geschickt. Vorher schnitt ich sie mit einer sterilen Schere in Stücke und legte diese in ein Einmachglas. Sie wurden auf Wunden gelegt, die nicht heilen wollten, vor allem bei Tuberkulosekranken nach einer Operation.

Zwischenspiel

1932 habe ich mich mit Louis verheiratet. Er war Bürger von Chippis, St. Luc und Chandolin. Wir waren Nachbarn, unsere beiden Häuser stießen aneinander. Die Familie hatte eine Tochter und vier Söhne, von denen Louis der älteste war. Sein Vater starb, als er acht Jahre alt war. Deshalb mußte Louis schon früh seinen Lebensunterhalt als Bauernknecht verdienen. Er wäre gerne Schreiner geworden, aber seine Familie hatte die finanziellen Mittel dazu nicht. Die Mutter hatte große Mühe, ihre vier Söhne aufzuziehen.
Wir haben am 15. Oktober geheiratet. Unsere Eltern waren nicht sehr glücklich darüber. Ich war 25 Jahre alt! Louis war zwei Jahre jünger und auch kleiner als ich. Er war weichherzig, aber er zeigte es nicht. Er war die Güte selbst. Damals machte man keine großen Erklärungen, man zeigte seine Gefühle nicht. Über solche Dinge zu sprechen hätte man nicht gewagt, und doch . . .
Louis war Verkäufer im Konsum. Wir wohnten in einem der ersten Wohnblocks im vierten Stockwerk an der Place Beaulieu in Sierre.
Am Hochzeitstag begleitete mich Louis nach Veyras, wo ich eine Wöchnerin pflegen mußte, während man unser Hochzeitsessen kochte. Wir gingen zu Fuß, denn damals besaßen wir noch keinen Wagen. Das war unsere Hochzeitsreise.
Am 2. November mußte Louis nach Genf zu einem Wiederholungskurs. Diese Soldaten mußten den Streik von Nicole niederschlagen.
Nachher haben wir es zusammen genossen. Wir haben uns gut verstanden, und die ersten Jahre waren herrlich. Louis war mir sehr zugetan, und er hat sehr an meinem Beruf Anteil genommen. Wenn möglich, ließ er mich nicht allein zu meinen Patientinnen gehen. Wir hatten beide ein Fahrrad. Als Rolande, die Tochter meines Bruders Marc, im Januar, am Dreikönigstag, geboren

wurde, schneite es. In Sierre waren fünfzig Zentimeter Schnee gefallen. Wir gingen zu Fuß bis zur Straße der Signèse. Louis begleitete mich, er trug mein Köfferchen und machte für mich eine Spur durch den Schnee. Als die Frau des Mannes, der mich damals überfallen hatte, ihr zweites Kind bekam, kam Louis mit mir. Er wartete unter dem Haus auf einem Holzstoß, er schlief sogar dort. Es war in der Nacht, und als ich fertig war, gingen wir zwei friedlich zusammen zu Fuß heim, von Veyraz nach Sierre. Es gab damals noch keine Transportmittel.

Einmal lagen drei Frauen gleichzeitig in den Wehen, eine in Noës und zwei in Sierre. In dieser Nacht war Louis beständig unterwegs. Er ging von einer zur anderen, um zu sehen, wo es losging. Ich weiß noch, daß ich bei der einen kaum das Neugeborene gewaschen hatte, als ich schon zur anderen eilen mußte. Das Ganze war doch recht riskant; heute würde man so etwas nicht mehr machen. Aber damals blieb mir keine andere Wahl. Ich machte einen Besuch und ging zum nächsten, ich machte so die Runde. Louis nahm seine Aufgabe sehr ernst. Er erkundigte sich nach Häufigkeit und Dauer der Wehen und kam zurück, um es mir zu melden.

Dann brach der Krieg aus. Louis war Kompagniekoch. Weil die meisten seiner Kollegen Land bebauten und deshalb vermehrt Urlaub bekamen, war Louis fast ständig im Dienst. Er hat über tausend Tage Dienst geleistet. Louis war ein ausgezeichneter Koch und oft – zu oft – schenkte man ihm als Dank dafür, daß er besser als andere kochte, eine Flasche Wein. Gelegenheit macht Diebe – leider begann er damals, ein wenig zu trinken. Nach seinem Tod habe ich das Notizbuch gefunden, in das er all seine Menus eingetragen hatte.

Ich war durch meinen Beruf voll ausgelastet, und Louis hatte nur selten Urlaub. Wir mußten oft Schliche anwenden, um uns überhaupt zu sehen. Sehr oft ging ich an den Ort, wo sie stationiert waren, um ihn zu besuchen. Dann machten wir jeweils lange Spaziergänge im Wald, und manchmal verbrachten wir eine süße Stunde unter Tannen . . . Hie und da kam Louis auch nach Sierre.

Nach dem Krieg zogen wir in ein Haus, das näher beim Spital lag. Louis hat damals auch seine Stelle gewechselt. Leider bedeutete das Kriegsende nicht auch das Ende seiner Vorliebe für den Alkohol. Trotzdem hat er mir weiterhin geholfen, soviel er nur konnte, sei es, daß er mich begleitete, sei es, daß er zu den verschiedenen Patientinnen ging und mich über den Fortschritt der Wehen auf dem laufenden hielt.
Er war ein sehr geduldiger Mensch. Das einzige, was ihn aus der Ruhe bringen konnte, war, wenn er mich in Notfällen nicht erreichen konnte. Wenn ich jedoch nicht zur Essenszeit zurückkam, wurde er nicht böse, ja, manchmal kochte er dann sogar selber. Er war der ideale Ehemann für eine Hebamme.

Es waren alles Hausgeburten, schwierige Fälle ausgenommen...

Und bei solchen schwierigen Fällen bestand jeweils wirklich Gefahr für Mutter und Kind. Wenn immer möglich, brachte man die Mutter ins Spital. Das war keineswegs einfach, denn es sollte ja schnell gehen. Bei recht vielen meiner Patientinnen war dies der Fall. Hier einige Beispiele.
Einmal rief mich Dr. Frochaux zu einer Patientin, der Frau von Emil. Sie lag schon seit drei Tagen in den Wehen und es ging nicht vorwärts. Es war ihr erstes Kind. Eine Hebamme war da, aber sie war schon alt: Sie war nicht mehr auf der Höhe. So hatte der Ehemann Dr. Frochaux gerufen. Er schickte die alte Hebamme, die sich nicht mehr zu helfen wußte, nach Hause und telefonierte mir. Es war mir im Hinblick auf meine Kollegin nicht recht. Der Arzt sagte jedoch: »Wenn Sie Schwierigkeiten machen, rufe ich Frau Moix.«
Ich sah sofort, daß eine Zangengeburt gemacht werden mußte. Dr. Frochaux machte die Narkose und rief Dr. Turini, Chirurg am Spital, für den Eingriff.
Damals machte man die ›Königinnen-Narkose‹, indem man mit einer kleinen Maske Nase und Mund bedeckte und Chloroform darauf goß.
Ich legte die Kranke quer übers Bett, die beiden Leute, die zu Hilfe kamen, setzten sich an die Seiten, um die Beine zu halten. Als ich mich auf das Bett setzte, krachte es zusammen – sehr wahrscheinlich war es wurmstichig, und wir lagen alle am Boden. Die Frau war schon in Narkose, der Arzt hatte die Zange in der Hand. Wir mußten am Boden operieren. Der kleine Junge kam in einem akuten Sauerstoffmangel zur Welt und zeigte keine Reflexe mehr. Wir mußten alle möglichen Beatmungs- und Wiederbelebungsübungen machen. Man machte damals noch nicht die Mund-zu-Mund Beatmung, aber hie und da wandte man die Schultze-Methode an: Der Arzt

oder die Hebamme faßt das Kind an den Schultern, den Kopf zwischen den Handgelenken haltend, dann schleudert man das Kind über die eigene Schulter, den gut gestützten Kopf nach unten. Sehr wahrscheinlich erreicht man durch die Zentrifugalkraft eine Verlagerung der Flüssigkeit. Wenn das Kind dann nicht zu atmen anfing, war es verloren. Mit dieser Methode wurden jedoch viele Kinder gerettet.

Eine andere Patientin hatte ihr erste Kind, das allerdings starb, durch Kaiserschnitt geboren. Beim zweiten war die Geburt lang und schwierig. Zuletzt folgte eine schlimme Zangengeburt. Das Kind atmete nicht. Ich suchte nach seinem Puls und überlegte gar nicht, ob sein Herz noch schlug oder nicht. Ich war überzeugt, daß diese Frau nicht davonkommen würde, wenn wir das Kind nicht zum Leben bringen konnten. Das alles spielte sich im Operationssaal ab, denn damals gab es die Maternité noch nicht. Die Frau war vollkommen zerrissen, sie lag im Koma, weil sie so viel Blut verloren hatte. Ihr Mann saß neben ihr, damit man ihr eine direkte Bluttransfusion machen konnte. Während der ganzen Zeit ließ ich nicht vom Kind ab. Ich versuchte alle Mittel der Reanimation. Ich gab nicht auf und wandte zuletzt noch die Schultze-Methode an. Eine Stunde lang habe ich an dem Buben gearbeitet, dann endlich hatte ich ihn soweit. Dieses Kind lebte. Er hatte in den ersten Tagen hohes Fieber, aber es ging alles gut. Seine Eltern zogen später nach Fribourg, und Gérard wurde Coiffeur. Er hat mir ein Foto von seiner Erstkommunion geschickt, ein anderes mit siebzehn Jahren und eines aus dem Militärdienst. Er blieb das einzige Kind dieser Familie. Bei der Geburt glaubte Dr. Amacker nicht mehr daran. Er sagte nachher zu mir: »Sie verdienen eine Goldmedaille . . .«

Man muß betonen, daß man bei der Reanimation eines Kindes damals noch nicht wußte, welche schädlichen Auswirkungen ein Atemstillstand auf das Gehirn haben kann.

In einem anderen Fall – es war während des Krieges – sollte ich eine Frau entbinden, die sehr viel Eiweiß hatte. Es traf sich, daß Dr. Frochaux daheim in Urlaub war. Er kam mit dem

Fahrrad, denn er besaß kein Auto. In der Zwischenzeit hatte ich den Esbach-Test gemacht, weil die Augenlider der Frau flatterten, das Anzeichen einer Eklampsie; das sind lebensbedrohende Krämpfe während Schwangerschaft, Geburt oder Wochenbett mit schweren Nierenstörungen. Kaum war der Arzt eingetroffen, bekam sie einen Anfall. Der Ehemann und die Schwester waren da, aber beide verzogen sich, anstatt mir zu helfen.
Eine Eklampsie ist beim ersten Kind weniger gefährlich als beim zweiten, wo es oft um Leben und Tod geht. Nach der Narkose zeigte sich, daß das Kind in Steißlage war. Der Arzt legte in der Gebärmutter eine Schlinge in die Leistenbeuge des Kindes, um es so herausziehen zu können. Wir hatten die Frau quer über das Bett gelegt, zwei Ecken eines Leintuches unter ihren Knien befestigt und die anderen wie Hosenträger unter den Achseln hindurchgezogen, um so die Beine zu fixieren. Der Arzt zog und brachte das Kind lebendig zur Welt. Es hatte allerdings einen gebrochenen Oberschenkel. Man hat ihm daheim eine Extension angelegt, es mußte nicht einmal ins Spital. Ich erinnere mich, daß die Frau für das Neugeborene ein schönes Körbchen vorbereitet hatte, ein viereckiges Bettchen mit Bändern und Blumen geschmückt. Man mußte dies alles entfernen, um die Rolle, die Schnüre und die Gewichte für die Extension anzubringen. In den Fuß des Mädchens setzte man eine Schraube ein. Einmal rief mich sein Vater mitten in der Nacht an, weil die Kleine alles umgeworfen hatte. Man brachte sie zum Röntgen ins Spital – es hatte sich nichts verschoben. Übrigens hinkt sie heute nicht einmal!
Manchmal vertrauten die Frauen der Natur zu sehr und meldeten erst sehr spät, wenn sie etwas beunruhigte. So die 47jährige Frau, die ihr achtes Kind erwartete. Sie spürte, daß etwas nicht in Ordnung war. Als ich eintraf, sah ich, daß der eine Arm des Kindes schon draußen war. Es war eine Querlage mit einem Armvorfall. Weil das Kind in dieser Lage nicht austreten konnte, stieß Dr. Michelet, den ich rufen ließ, den Arm wieder hinein und drehte das Kind, so daß er es in Steißlage an einem Bein herausziehen konnte. Natürlich war das Kind tot.

Solche Fälle gab es immer wieder, vor allem bei Frauen, die schon viele Kinder hatten und deren erschlaffte Gewebe den Fötus nicht mehr in der natürlichen Stellung halten konnten. Heute macht man in solchen Fällen einen Kaiserschnitt.
Bei einer anderen Patientin gab es Probleme mit der Nachgeburt. Ich rief Dr. von Werra, weil eine Narkose notwendig wurde. Schließlich konnte die Plazenta herausgeholt werden. Aber es war gräßlich – der Darm hing daran. Unnötig zu sagen, daß man die Patientin so schnell wie möglich in die Klinik zu einer Hysterektomie, zur Entfernung der Gebärmutter, brachte. Sie ist jedoch an der Operation gestorben. Auch sie hatte schon viele Kinder geboren.
Eine Frau aus Veyraz hatte schon fünf schwere Geburten hinter sich. Bei den ersten beiden wurde die Zange notwendig, die drei anderen Kinder kamen durch Kaiserschnitt zur Welt. Damals gab es noch keine Antibiotika: Man hatte gar nichts. Dr. de Sépibus versuchte es fünfmal mit der Zange, bevor er im Spital einen Kaiserschnitt machte. Die Frau kam davon, trotz Infektionen, Venenentzündung und Thrombosen. Man hat ihr Blutegel angesetzt.
Zu jener Zeit war ein Kaiserschnitt schrecklich. Man hatte keine Linderungsmittel. Man machte eine Äthernarkose, bei der es einem beim Aufwachen übel wurde. Die Neugeborenen mußte man reanimieren, weil auch sie vom Äther eingeschläfert wurden . . .
Der schlimmste Fall war der einer ledigen Mutter aus dem Oberwallis, aus Steg. Das war eine der ersten Geburten, die ich im Spital durchführte. Es war 1932. Ich untersuchte das Mädchen: keine Herztöne, ein eigenartiger Bauch. Plötzlich verlor sie das Fruchtwasser, ein ›aufschlußreiches‹ Fruchtwasser. Das Kind war tot. Es hatte seltsame Flecken: Pemphigus, eine Hautinfektion an den Fußsohlen und an den Händen. Die Frau hatte Syphilis. Und ich hatte das ganze Fruchtwasser mitten ins Gesicht bekommen. Als ich zu Hause war, warf ich meine Kleider weg. Ich konnte nichts essen, so ekelte ich mich vor diesem Wasser. Ich habe jedoch keine Syphilis erwischt.

Als ich einmal die Wöchnerinnen im Spital pflegte, entdeckte ich, daß eine von ihnen Filzläuse hatte. Sie selber merkte es wohl gar nicht. Sie gehörte einer besseren Familie an, und ich hatte nicht den Mut, es ihr zu sagen. Ich überlegte, wie ich diese Viecher wohl wegbringen könnte. Sie hatte sogar welche unter den Armen. Ich fragte die Stationsschwester: »Raten Sie mir, ich weiß nicht, was ich tun soll!« Sie schlug mir dann vor, an diesem Abend für mich die Pflege zu übernehmen. Während sie sich um die betreffende Dame bemühte, sagte sie: »Madame, Sie haben einen Ausschlag. Das ist gefährlich so kurz nach der Geburt. Ich muß die Stellen desinfizieren.« Dann strich sie sie mit Jodtinktur ein, rasierte die Stellen und brachte so die Filzläuse weg.
Das ist das einzige Mal, daß ich so etwas gesehen habe. Die arme Frau hat die Filzläuse offenbar von ihrem Mann erwischt, der von etwas leichter Natur war...
Wie schon gesagt, nach Sierre kamen Patientinnen aus den umliegenden Ortschaften, aber auch von weiter her. Grimentz war wohl eines der entferntesten Dörfer.
Von dort brachte man uns eine Patientin als Notfall. Sie hatte schon mehrere Kinder geboren. In den Wechseljahren wurde sie nochmals schwanger. Das Kind hatte ganz offensichtlich eine falsche Lage. Nach den Aussagen ihres Mannes hatte sie schon zwei, drei Tage lang Wehen gehabt, bis die Hebamme sie schließlich ins Spital schickte. Bevor sie Grimentz verließ, gab man ihr die letzte Ölung. Dr. Koch aus Vissoie brachte sie. Ihr Gesicht war ganz schwarz, so sehr hatte sie geschwitzt und gelitten. Ihr Haar war völlig durchnäßt. Das Kind hatte Steißlage und war tot. Dr. Turini versuchte, es unter Narkose herauszuholen. Mit dem Körper ging es gut, aber der Kopf kam nicht. Wie grauenhaft! Der Kopf hatte sich vom Körper gelöst und blieb im Innern. Mit der Zange mußte ihn der Arzt herausholen.
Bei dieser Operation verlor die Frau den Verstand und das Gedächtnis. Während dreizehn Jahren verließ sie ihr Haus nicht mehr. Wenn ich sie in Grimentz besuchte, fragte sie

jedesmal: »Hast du mein Kind auch wirklich getauft?« Diese Familie war sehr fromm. Ein Kind sterben zu lassen, ohne es vorher zu taufen, war ein Verbrechen. Die Frau hatte kein ruhiges Gewissen mehr. Sie hat sich nicht mehr erholt, wurde verrückt und starb dann.
Einmal telefonierte man mir an einem Silvesterabend. Ich wollte mit Louis an diesem Abend ausgehen, wir waren noch jung. Ich wurde die ganze Nacht bei einer Italienerin aufgehalten, die mit ihrer Mutter zusammen wohnte. Es war so schmutzig bei diesen Leuten, und auch die alte Großmutter starrte vor Dreck! Es war kalt, und ich hatte Durst. Die alte Frau wärmte Kaffee auf, aber es ekelte mich so, daß ich ihn nicht herunterbrachte. Ich goß den Kaffee hinter ihrem Rücken in den Schüttstein und trank Wasser. Von Zeit zu Zeit kam Louis, um zu sehen, ob ich fertig sei. Die Sache zog sich in die Länge, ich konnte nicht weg und mußte an diesem elenden Ort bleiben. Die Frau hat am Neujahrsmorgen geboren, es war schon Tag.
Manchmal gab es auch eher komische Situationen. So zum Beispiel bei der Frau mit ihren 120 Kilo. Sie gebar zuerst daheim, später dann im Spital. Sie sank so tief in ihr Bett hinein, daß man nach ihrem kleinen Sohn richtig graben mußte. Das war Schwerarbeit, um so mehr, weil das Bébé sechs Kilo wog.
Dann erinnere ich mich auch an die Frau, die ihr fünfzehntes Kind gebären sollte. Als ich zu ihr kam, schlief sie fest, überwältigt vom Cognac, den sie getrunken hatte. Ein halber Liter stand noch auf dem Nachttisch. Es gelang mir nicht, sie zu wecken, um bei den Preßwehen mitzuhelfen. Trotz ihrer zahlreichen Familie hielt sie ihren Haushalt sauber, trank aber viel.
Ich hatte eine Dame aus Icogne entbunden. Es war ein recht schwieriger Fall. Damals gab es die Maternité noch nicht, man hatte auch keine Gebärbetten; es spielte sich alles im Schlafzimmer ab, und ich mußte allein zurechtkommen, oft zusammen mit dem Ehemann, der im letzten Augenblick zu Hilfe kam. Gewöhnlich kamen die Männer während der Geburt

nicht ins Zimmer. Während nun diese Frau preßte, mußte jedoch der Mann das eine Bein halten. Als das Kind da war, sagte sie: »Henri, gib mir einen Kuß, jetzt hast du mich ganz gesehen.«
Die meisten Frauen hatten schon mehrere Kinder geboren. Aber da war eine schon ältere Erstgebärende, bei der die Wehen noch in großen Abständen kamen. Man mußte abwarten. Der Mann sagte zu ihr: »Hör mal, beeile dich mit dem Kind, sonst gehe ich ins Bett. Morgen muß ich zur Arbeit in die Fabrik.« War ich wütend! Ich habe ihm meine Meinung gesagt: »Glauben Sie denn eigentlich, Ihre Frau könne machen, was sie will? Sie vor allem wäre glücklich, wenn alles schnell vorbei ginge!«
Ich mußte oft eingreifen und die Männer daran erinnern, daß auch sie an der Schwangerschaft ihren Anteil hatten. Manchmal überließen die Männer ihre Frauen sich selbst, ohne Mitleid, ohne zu helfen.
So war es mit einer armen Französin, einer Epileptikerin, die jedes Jahr ein Kind bekam. Sie hatte überall Narben, denn sie verletzte sich oft bei ihren Anfällen. Im siebten Monat ihrer letzten Schwangerschaft läutete ihr Mann bei mir, um mir zu melden, daß sie krank sei. Als ich zu ihr kam, hatte sie über 40 Grad Fieber und konnte kaum mehr atmen. Dr. Michelet kam sofort. Man brachte sie in der Ambulanz ins Spital. Bevor sie starb, sprach sie noch mit mir. Sie erzählte, daß sie die ganze Nacht schon krank gewesen sei. Sie war in die Küche gegangen, um etwas zu trinken. Alphonse, ihr Mann, hatte dann die Türe abgeschlossen, so daß sie nicht mehr ins Schlafzimmer zurück konnte. Weil es ihr so schlecht ging, hatte er nicht schlafen können. Sie mußte bis zum Morgen in der Küche sitzen. Diese Frau war voller Läuse. Als sie tot war, verließen sie ihren Körper und rannten überall herum. Der Assistenzarzt fand sogar welche in seinen Socken. Ich telefonierte Alphonse in die Fabrik, um ihm zu sagen, daß es seiner Frau nicht gut gehe, daß sie sterben werde. Er ging nach Hause, um sich umzuziehen. Ich erinnere mich, daß er rote Schuhe trug und daß er sich

herausgeputzt hatte, um die Tote zu sehen. Er sagte zu mir: »Man muß ihr noch den Ehering ausziehen. Ich bin ja noch jung, ich werde sicher wieder heiraten. Und dann will ich nicht nochmals einen Ehering kaufen.« – »Wenn du den Ring haben willst, dann zieh' ihn selber aus!«
Ich habe mich ob der Herzlosigkeit dieses Mannes entsetzt. Kalt nahm er den Ring von ihrem Finger. Er heiratete später nochmals, aber er fand schließlich einen traurigen Tod, auch er. Er hielt sich damals in Lausanne auf, aber zum Beerdigen brachte man ihn nach St. Luc zurück. Weil sich niemand darum kümmerte, mußte es die Gemeinde übernehmen. *Petit-z-yeux* nannte man ihn. Er war ein schlechter Kerl. Von seinen neun Kindern haben drei überlebt – drei zuviel, denn auch aus ihnen ist nichts Rechtes geworden.

Das Auto

Der Sohn eines der Besitzer der Garage Valaisan in Sion hatte mich zur Entbindung seiner Frau nach Muraz gerufen. Sie waren ein junges Ehepaar. »Du solltest dir ein Auto kaufen, anstatt dir auf deinem Velo die Lunge aus dem Leib zu keuchen!«
Ich war schon dick damals, und seit meinem Rheumatismus hatte ich ein Herzgeräusch. Sie bestanden darauf, ich solle mir ein Auto kaufen. Sie machten mir auch ein verlockendes Angebot: Fr. 3500,– für einen grünen deutschen Ford mit aufklappbarem Dach. Auch wollten sie mich gratis fahren lehren. Damals verkaufte man nicht jeden Tag ein Auto! Sie haben mich damit erwischt. Bei Marius Zufferey, einem Neffen von mir, habe ich meine ersten Stunden genommen. Es war im Jahr 1938, Autos mit Doppelsteuerung gab es damals noch nicht. Der Fahrlehrer zog die Handbremse, wenn der Schüler vergaß, aufs Bremspedal zu drücken.
Bei mir spielte sich folgendes ab: »Mir scheint, daß du das Lenkrad recht gut in den Händen hältst. Fahren wir mal ins Val d'Anniviers oder nach Montana hinauf!« Es war in der zweiten oder dritten Fahrstunde. »Fahren wir nach Montana, das ist weniger gefährlich!«
Das war ein weiser Entschluß, denn als wir nach Venthône kamen und ich eine Kurve nehmen sollte, wußte ich plötzlich weder ein noch aus. Ich klammerte mich ans Lenkrad und drückte mit aller Kraft aufs Gaspedal. Und ich hatte ziemliche Kraft damals, war ich doch grad dreißig Jahre alt! Marius zog die Handbremse, und ich blieb mit dem Fuß auf dem Gaspedal. Wir fuhren eine Böschung hinauf, hinunter in einen Garten, verwüsteten ein Beet, wo Gurken und Mais angepflanzt waren, und landeten vor einem Zwetschgenbaum, ohne ihn jedoch zu berühren.

Wir fuhren dann wieder nach Sierre hinunter. Ich schwor mir, nie wieder ein Lenkrad anzufassen, und am Abend erklärte ich Louis, daß ich lieber mein Fahrrad behalten würde.

Drei Wochen später, nachdem man mich ständig bestürmt hatte, nahm ich die Fahrstunden wieder auf. Bevor ich zur Prüfung ging, fuhr ich mit Marius wieder nach Montana hinauf, wo er einen Wagen abliefern sollte. »Wenn du willst, kannst du mitkommen und selber hinauffahren.« So machten wir uns mit einem fabrikneuen Ford Anglia auf den Weg. Bei der Villa ›Notre Dame‹ rannte unvermutet ein großer Wolfshund gegen das Auto. Ich erschrak dermaßen, daß ich geradewegs in eine Mauer gefahren bin. Diesen Wagen brauchte man nicht mehr abzuliefern! Wir kehrten um, der rechte Kotflügel war total kaputt.

Offenbar gab es schon damals Versicherungen, denn ich habe nie etwas bezahlt, es war ja nicht mein Auto!

Schließlich kam der Tag der Prüfung. Louis hatte auch fahren gelernt. Wir hatten die Prüfung am gleichen Tag, er mit einem Polizisten, ich mit Herrn Volken, Chef des Autodienstes. Er sagte: »Um Himmels willen, eine Frau, so etwas! Und ich muß ihre Prüfung abnehmen!«

Ich war meiner Sache nicht sehr sicher. Dieser Direktor machte mir Angst, besonders weil wir damals die verschiedenen Signale nur nach einem kleinen Taschenkalender lernten. Die Theorie erledigte man mündlich. Für den praktischen Teil fuhren wir nach Champlan hinauf, und während der Fahrt diskutierten wir Berufsfragen. Er stellte mir überhaupt keine Fragen übers Auto. Oben angekommen, sagte er: »Halten Sie hier an und versuchen Sie, rückwärts hinter diese Mauer zu fahren!« Gewöhnlich mußte man zwischen einer Scheune und einem Brunnentrog hinunter und dann wieder rückwärts hinauf fahren. Ich mußte nichts dergleichen machen. Wir fuhren dann friedlich nach Sion hinunter. Bei Platta holte er sein Notizbuch heraus, schrieb etwas auf einen Zettel und sagte: »Holen Sie Ihren Ausweis ab und sorgen Sie dafür, daß ich nicht so bald wieder von Ihnen höre!« So endete das Abenteuer mit meinem Fahrausweis.

Damals gab es im Wallis noch wenig Autos. Eine Frau am Steuer war in Sierre ein Ereignis. Wenn ich in die Dörfer fuhr, kamen alle Kinder gerannt. Oh, eine Frau, die Auto fährt, eine Frau!

1939 brach der Krieg aus. Die Autos wurden alle für die Armee und die Behörden eingezogen. Nur die Ärzte, die Besuche machen mußten, bekamen eine Ausnahmebewilligung. Eigentlich hätte ich mein Auto auch abgeben sollen. Aber der Arzt schrieb mir ein Zeugnis, daß ich mit zwanzig Jahren an Gelenkrheumatismus gelitten und noch heute ein Herzgeräusch hätte und daß ich in Anbetracht meines Gesundheitszustandes auf ein Auto angewiesen sei, um meinen Beruf auszuüben. Ich bekam 30 Liter Benzin im Monat.

Ich war die einzige Hebamme, die ein Auto besaß. In der Nacht mußte man wegen der Verdunkelung die Scheinwerfer abdekken, das heißt, man stülpte eine Art Büchse darüber, die nur einen dünnen Lichtschein durchließ. Selten begegnete ich auf den Straßen einem anderen Auto.

Im September mußte Louis einrücken. Weil ich ein Auto hatte, konnte ich ihn hie und da besuchen. Er bekam ja weniger Urlaub als die andern Soldaten.

1942 mußte ich ein neues Auto kaufen. Der Regen drang durchs Dach hinein, denn der gummierte Stoff des Faltdachs war von der Sonne und der Nässe brüchig geworden. Ich kaufte einen gebrauchten Opel, der vorne gewöhnliche und hinten Reifen wie ein Jeep hatte. Wegen der Rationierung mußte man das Benzin mit Alkohol strecken: auf zehn Liter Benzin drei oder vier Liter Alkohol. Dieser Opel kam mich teuer zu stehen, denn er war häufig defekt. Später, so gegen 1946, kaufte ich dann einen VW-Käfer.

Ich hatte während der ganzen Zeit keinen Unfall, bis auf den Zusammenstoß im Jahre 1955. Marie-Noëlle, eine Nichte von mir, die bei uns wohnte, war mit im Auto, dann noch ihr Bruder und zwei meiner Kolleginnen. Wir fuhren von Lausanne heim, wo ich Kurse für schmerzlose Geburten besuchte. In Ardon, auf der Höhe der alten Brücke, kam plötzlich ein Lastwagen, ohne auf den Verkehr zu achten, aus einer Seitenstraße frontal auf uns zu. Eine meiner Kolleginnen erlitt einen Schock, Marie-Noëlle blutete, sie hatte die Nase gebrochen, ihr Bruder bekam nichts ab. Der Hut meiner Kollegin, Frau Moix, flog vom Vordersitz nach hinten; ich fand ihn später im Kofferraum. Das Auto, mit dem ich nur 3000 km gefahren war, war nicht mehr zu gebrauchen. Ich kaufte einen neuen Volkswagen.

Man gewöhnt sich an das Spital

Die Frauen kamen zum Gebären mehr und mehr ins Spital, wenn dort Platz war. Die meisten Männer waren ja im Militärdienst, und es war schwierig, jemanden zu finden, der bei einer Hausgeburt helfen konnte. Die ganze Organisation der Familie veränderte sich, die Frauen mußten auch noch die Arbeiten der abwesenden Männer übernehmen. Wenn Frauen zur Entbindung ins Spital kamen, mußte man die Männer telefonisch benachrichtigen, was oft nicht einfach war.
Eigentlich sollte das Spital nur Notfälle aufnehmen, denn es war gleichzeitig auch Militärspital. Aber wir hatten in unserer Umgebung auch Ausländer. Man nannte sie die Flüchtlinge. Es waren mindestens tausend Personen, Juden in Montana und Grône, Polen in den Iles Falcon. Sie lebten eng zusammen in Baracken. Zu Geburten mußten diese Frauen ins Spital kommen, sie konnten unmöglich in diesen Unterkünften bleiben. Ich hatte wegen dieser Ausländerinnen viel Arbeit im Spital. Zudem rief mich Dr. Amacker, mit dem ich arbeitete, mehr und mehr herbei. Die Mütter kamen in ihren Zimmern nieder, jede für sich allein. Man hatte noch keine besonderen Betten, keine Einrichtungen, die nur für Geburten bestimmt waren. Es gab noch keine Gebärabteilung.
Erst nach dem Krieg, im Jahr 1946, wurde der Estrich des Spitals zu einer kleinen Maternité mit zehn Betten und einem winzigen Gebärzimmer ausgebaut. Dieses war so klein, daß man bei einem Eingriff das Bett zur Hälfte aus dem Raum schieben mußte. Aber es war besser als nichts. Wie ich schon erwähnt habe, wurden die Frauen bei Notfällen ins Spital gebracht, ich transportierte sie in meinem Auto.
Während des Krieges, als Louis ständig im Dienst war, hatte ich sehr viel zu tun. Aus Bequemlichkeit und um zu sparen, wohnten meine Schwestern Gertrude und Thérèse und meine Mutter bei mir.

Trotz allem brachte meine Berufsarbeit weiterhin die gleichen Schwierigkeiten und Freuden mit sich, und es wurden auch immer wieder Kinder geboren. Leichter oder weniger leicht, wie jene Frau in Chalais, deren Bruder in der Fabrik einen tödlichen Unfall erlitten hatte. Durch den Schreck war ihr das Fruchtwasser gebrochen, und sie hatte schon seit zwei oder drei Tagen Wehen. Die alte Hebamme aus dem Dorf hatte die ganze Butter aufgebraucht, die in einem Topf in der Küche stand. Sie hatte damit die Scheide der Frau eingestrichen, um den Austritt des Kindes zu erleichtern. Die ganze eingekochte Butter, die sich in der Scheide aufgelöst hatte, stank scheußlich, als die Frau im Spital ankam. Sie bekam eine schlimme Infektion. Dr. Amacker sagte: »Um Himmels willen, was soll man tun! Das Kind kann ja gar nicht kommen, der Kopf liegt falsch. Und dazu diese Infektion!« Wir hatten damals zum Desinfizieren nur Lanthol. Doch Dr. Amacker wußte, daß es neuerdings Penicillin auf dem Markt gab. Er schickte den Ehemann nach Genf, um welches zu holen. Das war nicht einfach und hat sehr viel gekostet, ich weiß nicht mehr wieviel.

Die Frau bekam später noch drei weitere Kinder, das letzte kam mit einer doppelten Hasenscharte zur Welt. Es hatte überhaupt keine Nase, und ich habe alles versucht, um es der Mutter nicht gleich zeigen zu müssen. Der Vater sah es natürlich. Er ging in den Korridor hinaus und fiel dort in Ohnmacht. Ich war allein mit ihm. Er erwachte einfach nicht, und bei seiner Frau war die Entbindung noch nicht zu Ende. Die Ohnmacht dauerte an. Die Frau schien beim Herrgott in besonderer Gnade zu stehen: Sie war allein und wartete geduldig, ohne sich zu beunruhigen. Später wurde das Mädchen zwei- oder dreimal operiert, bei der letzten Operation starb es. Es wurde sieben oder acht Jahre alt. Seine Eltern hatten seinetwegen viele Sorgen. Damals gab es noch keine Invalidenversicherung, sie mußten alles selber bezahlen. Sie haben für dieses Kind Tausende von Franken ausgegeben.

Ich erinnere mich auch an eine Mutter, die sieben Kinder hatte, die alle wegen des Rhesusfaktors starben. Man kannte den

Blutaustausch damals noch nicht. Es war traurig anzusehen, wie diese Kinder starben. Sie wurden nicht ganz zum richtigen Termin geboren, aber zwei oder drei lebten doch ein paar Tage lang.
Ich möchte hier betonen, wie schwer es manchmal war, wenn ein Kind mit Mißbildungen zur Welt kam. Oft wünschte ich, daß der Vater da wäre und den Zustand seines Kindes selber sähe, daß nicht ich es war, die es der Mutter sagen mußte. Wenn ein Kind bei der Geburt starb, war es wichtig, daß der Vater oder die Mutter, einer von beiden, die Todesursache kannte.
Frau F. aus Isérable war 48 Jahre alt, als sie nochmals schwanger wurde. Sie hatte schon drei Knaben, der jüngste war neun Jahre alt. Während der Schwangerschaft litt sie unter einer Kehlkopfverengung und mußte sich zum Essen immer aufsetzen. Im siebten Monat setzten die Wehen ein. Ich holte sie in Riddes ab, bis dorthin war sie mit der Seilbahn gekommen. Es war während des Tages. Ich brachte sie ins Spital, wo sie in einer Spontangeburt kleine Zwillingsmädchen gebar. Das eine atmete nicht. Ich war allein, ohne Hilfe. Ich wickelte die beiden Mädchen schnell in meine Schürze und rannte, so schnell ich konnte, ins Säuglingszimmer, wo man sie in den Brutkasten legte. Sie kamen beide davon. Heute sind sie zwei hübsche Mädchen, ich habe Fotos von ihnen. Als mein Mann starb, drückte mir ihre Mutter die Hand. Sie kam von Roche, wo sie damals lebte, zur Beerdigung von Louis. Sie stellte sich mir vor: »Erinnern Sie sich an die Geburt der kleinen Zwillingsmädchen? Ich bin hierher gekommen, weil ich Ihnen meine beiden Töchter verdanke. Sie arbeiten beide und sind gesund.«
Meinen zweiten Schwangerschaftsabbruch erlebte ich im Walliser Sanatorium. Dieser Patientin hatte man im dritten Monat eine Lunge entfernt. Sie hielt sich beständig in Montana auf, zum Eingriff kam sie jedoch nach Sierre. Als der Geburtskanal vollständig erweitert war, drückte ich das Kind mit meinem Ellenbogen heraus. Alles ging gut. Leider bekam die Patientin am siebten Tag in dem Lungenflügel, der ihr noch verblieben

war, eine Embolie. Dr. Amacker hat diese Frau gerettet. Man hatte schon Mittel gegen die Blutgerinnung, aber noch nicht das Sintrom. Man brauchte damals Marcumar. Man durfte ihr das Kind wegen ihrer Krankheit nicht lassen.
1942 begann man, Dammschnitte zu machen. In der Schule hatte ich das noch nicht gelernt. Hier hat es Dr. Amacker eingeführt. Bei den Frauen daheim hätte ich mich nicht getraut, eine Schere zu nehmen und zu schneiden – man hätte mich umgebracht. Dr. Amacker erklärte, daß ein Dammschnitt den Durchtritt erleichtere, und damit hatte er recht. Das Kind blieb weniger lang im Geburtskanal, es gab weniger Vorfälle, Gebärmutter- oder Vaginasenkungen. Auch wurde die Naht schöner, weil die Ränder nicht eingerissen, sondern schön sauber geschnitten waren.
Man machte den Dammschnitt in der Mitte oder etwas schräg, um keine Fistel zu riskieren. Ich erinnere mich an Frauen, die sechs anstatt vier Schamlippen hatten. Bei früheren Geburten war der Damm gerissen, und man hatte ihn nicht richtig genäht. Bei einigen war der Damm vollständig zerrissen.
Ich erinnere mich noch heute an die kleine Italienerin aus Neapel, die einen bösen Dammriß hatte, der nicht genäht worden war. Vagina und Darm waren nicht mehr getrennt, so daß sie den Stuhlgang nicht mehr halten konnte. Sie schnürte sich in enge Hosen, um Katastrophen zu vermeiden. Welch ein Leben! Als ich sah, in welchem Zustand sie war, rief ich schnell den Arzt. Sie hat geboren und war dabei vollkommen offen. Man mußte nähen, aber der Arzt hatte Bedenken, daß der Eingriff bei diesem schweren Fall und nach so langer Zeit nicht befriedigend ausfallen würde. Die Frau hörte unser Gespräch und sagte: »Macht es doch! Ich habe gutes Fleisch, ich heile gut!« Sie wollte sagen, daß bei ihr Wunden gut vernarben.
So machte sich der Arzt an die Arbeit. Die Operation dauerte drei Stunden. Er schnitt die Ränder neu, zog die Haut darüber und brachte die Naht an. Er gab sich eine unglaubliche Mühe. Wir haben diese Frau gut gepflegt, sie recht lange im Bett behalten und ihr Antibiotika gegeben, damit ja keine Infektion

entstand. Man verabreichte ihr auch Medikamente, daß sie einige Tage lang keinen Stuhlgang hatte. Das Resultat war gut, die Frau konnte wieder ein normales Leben führen. Ein oder zwei Jahre später kam sie wieder zu einer Entbindung. Diesmal machte man gleich einen richtigen Dammschnitt. Sie war glücklich und ihr Mann auch! Nach diesem Dammschnitt konnten wir sogar die alte Naht noch verbessern. Leider verunglückte ihr Mann später tödlich. Ich weiß nicht, was aus ihr geworden ist. Sie ist sehr wahrscheinlich nach Italien zurückgekehrt.

Oft trug der gesunde Menschenverstand den Sieg über die Wissenschaft davon. Das war zum Beispiel bei der ersten Schwangerschaft von Hermine der Fall. Das Kind wurde zu früh geboren und wog kaum ein Kilo. Wir packten das kleine Mädchen in Watte ein. Der Arzt ordnete eine Verlegung in die Säuglingsabteilung des Spitals an, wo das Zimmer geheizt war. Ich sagte zu Albert, dem Vater, den ich gut kannte: »Weißt du, ich glaube nicht, daß dein Töchterchen den Transport ins Spital überlebt, auch wenn wir es noch so gut einpacken.« Albert teilte meine Meinung und war bereit, mit mir die Verantwortung zu tragen. Damals gab es noch keine Zentralheizungen, man heizte mit Specksteinöfen. Wir verschafften uns einen Wandschirm und kauften ein Pfund Watte, in die wir das Kind einpackten. Umgeben von Wärmeflaschen und einem elektrischen Heizkissen lag das Bébé neben dem Ofen hinter dem Wandschirm. Ich hatte ein Thermometer gekauft, und mit Wassergefäßen, die wir auf den Ofen stellten, hielten wir die Luft ständig feucht. Im ›Bazar du Château‹ fand ich winzige Puppen-Schoppenfläschchen, die wir mit Muttermilch füllten. Wir gaben sie dem Kind tropfenweise ein. Man mußte die Milch entfetten, um Verdauungsstörungen zu vermeiden. Ich badete das Kind jeden Tag; dem Badewasser fügte ich aromatische Kräuter bei. Aus Angst vor Mikroben verbot ich Albert und allen andern, das Kind zu berühren.

Aus der Kleinen wurde eine schöne Frau, die selber drei Kinder bekam; sie wird in diesem Jahr vierundvierzig Jahre alt.

Es gibt auch Orte, die für mich mit unauslöschlichen Erinnerungen verbunden sind. So das Haus in Chalais, wo ich ganz allein bei einer langen Zwillingsgeburt half. Das erste Kind kam in Gesichtslage, mit dem Kinn voran, zur Welt. Als der Arzt endlich eintraf, waren beide geboren. Ich war total erschöpft und halb tot vor Angst, so schwierig war diese Geburt gewesen. Aber die Kinder lebten.

Bei einer anderen Zwillingsgeburt wurde das erste in Steißlage geboren, das zweite lag quer, und dies bei einer Hausgeburt. Auch hier war ich ganz allein, der Arzt kam zu spät. Es war immer so: Man rief den Arzt, aber wenn er endlich kam, war in dreiviertel der Fälle schon alles vorbei.

Ein anderes Mal war das erste Kind geboren, das zweite lag quer. Ich griff hinein und erwischte einen Fuß, an dem ich es herauszog. Bei solchen Komplikationen hatte ich oft sehr Angst, aber es gab so viel zu tun, daß ich nicht daran denken konnte.

Eigentlich sollte Frau X in Sierre gebären, aber sie hielt sich noch in St. Luc auf. Es war im Januar, mitten in der Nacht. Während man in St. Luc gerade am Brotbacken war, telefonierte man mir, ich müsse hinaufkommen. Es schneite in großen Flocken! Aber ich kannte die Frau und wußte, daß die Gefahr einer Blutung bestand, die für sie tödlich werden konnte. Ich sah nur meine Pflicht und dachte nicht an die Gefahren der Fahrt. Louis stand auch auf und montierte in der Garage du Rhône die Schneeketten. Man sagte ihm, er sei verrückt, bei diesem Wetter nach St. Luc hinaufzufahren. Die Straße war gar nicht offen. Wir packten Schaufeln ein und machten uns auf den Weg. Ich dachte nur an die Frau und nicht an die Gefahr, der wir uns aussetzten. Wir brauchten fast drei Stunden für die Fahrt. In der Nähe des Gemeindehauses, dort wo das Brot gebacken wurde, erwartete mich der Ehemann. Als er mich sah, fing er an zu weinen und umarmte mich. Die Frau kam gegen Morgen nieder. Louis fuhr ins Tal hinunter, ich blieb oben, um die Frau zu pflegen. Ich blieb auch in der folgenden Nacht noch bei ihr. Am andern Morgen versorgte ich

sie noch und fuhr dann mit dem Postauto ins Tal. Inzwischen war die Straße wieder frei. Trotz des großen Risikos, das wir auf uns genommen hatten, ging alles gut vorüber.
Ich erinnere mich noch, daß man Louis damals Vorwürfe machte. Er arbeitete im Konsum und erschien nicht zur Arbeit. Sein Chef machte eine Bemerkung deswegen, doch Louis gab ihm zur Antwort: »Meine Frau wurde zu einer Mutter gerufen, die in Gefahr war. Da konnte ich sie nicht allein fahren lassen.«
Die Medizin entwickelte sich sehr schnell. Eine erste Herausforderung war 1939 das Medikament Pituitrin, das im Fall eines Windeies, einer Mißbildung der Frucht, angewandt wurde. Nach einer Auskratzung verblutete die Patientin fast. Man brachte sie für eine Hysterektomie in den Operationssaal zurück. Weil der Raum nicht richtig geheizt war, legte ihr die Schwester ein elektrisches Heizkissen unter den Rücken. Die arme Frau schwitzte und verbrannte sich dadurch den ganzen Rücken. War das eine mühsame Pflege nachher! Aber die Frau hat es überstanden.
Nach einer normalen Geburt löste sich bei einer Frau die Nachgeburt nicht. Der Mann mußte dem Arzt telefonieren. Er kam nicht mehr zurück, er hatte zu große Angst. Auf den Knien rutschte er von der Kapelle nach Hause, betete dazu und stieß aus Angst laute Schreie aus – dies morgens um vier Uhr. Endlich kam der Arzt, zuletzt ging alles gut.
Die Frau, die über dem Bäckerladen wohnte, lag in den Wehen. Kaum war ich eingetroffen, brach die Fruchtblase und das Fruchtwasser kam wie ein Sturzbach. Ich hielt einen Kübel hin – und schon lag das Kind drin. Es hatte einen Wasserkopf und war ganz aufgeschwemmt. Es war gut, daß es sterben konnte.
1940 gab es Verlegungen bei den Truppen. Die Deutschen drohten mit einem Einmarsch in die Schweiz. Unsere Soldaten waren im Val de Bagne stationiert. Gustave, Robert Seitz und andere waren an einem Abend nach Hause gekommen. Es passierte oft, daß sie heimlich und ohne Erlaubnis kamen, um ihre Frauen in Sierre zu besuchen. Gertrude war schwanger.

Gegen elf Uhr nachts telefonierte Alphonse, der Bruder von Gustave, aus der Kaserne vom Val de Bagne: »Geh schnell zu Gustave und den andern und sag ihnen, daß sie möglichst rasch kommen sollen. Es gibt Truppenverschiebungen, wir gehen weg!«
Ich telefonierte ins Café du Soleil, man solle sie wecken. Dann fuhr ich mit ihnen nach Sion. In St. Léonard hielten uns Soldaten auf. Ich erklärte ihnen, diese Männer seien auf Urlaub und müßten so schnell wie möglich wieder einrücken. »Zeigen Sie mir den Urlaubsschein!« Einer unserer Männer hatte ein Schreiben bei sich, aber es war kein Urlaubsschein. Sie waren ja ohne Erlaubnis gekommen. Die Wache schaute das Papier nicht näher an und ließ uns passieren. Sie riet uns, über Bramois zu fahren.
In Champsec blieben wir wieder stecken. Soldaten überall . . . Ich habe mich durchgedrängt, und wir erreichten Sion. Dort gab es schon Einbahnstraßen. In Porte-Neuve fuhr ich durch eine der kleinen Straßen in der falschen Richtung. An der Kreuzung der Rue du Grand-Pont schwenkte der Polizist Schmid ein rotes Licht. Ich habe ihn von da an sehr geachtet, denn er war sehr nett zu mir: »Es sind überall Truppen (man sah Lastwagen und Soldaten vorbeifahren), schauen Sie, wie Sie am besten durchkommen, fahren Sie diese Straße wieder zurück!«
Die Männer stiegen aus und stürzten sich auf die Lastwagen, die zu ihrem Regiment zurückfuhren. Sie wurden dann in die deutsche Schweiz verlegt.
Die Offiziere machten einen verlorenen Eindruck. In der Bevölkerung ging das Gerücht um, die Schweiz würde besetzt, und viele Leute verloren den Kopf. Basel, Schaffhausen und Zürich waren bombardiert worden. Louis war zur Zeit des Bombardements in Basel. Zum Glück erfuhr ich dies erst nachher.
Als ich in jener Nacht heimkam, fand ich Mama in der gleichen Stellung, wie ich sie verlassen hatte: auf den Knien betend.
Das Leben ging weiter, trotz des Krieges. Eine meiner Patientinnen hatte fünf Jahre hintereinander geboren, immer im

Frühjahr. Sie war darauf abonniert! Bei dieser Geburt war der Mann auch zu Hause. Er sollte eigentlich helfen, doch plötzlich sagte er: »Um Himmels willen, ich muß Sie allein machen lassen, die Kuh ist am Kalben!«
Ich ging in die Küche und sah im Vorbeigehen die Katze im Kinderbettchen liegen. Ich scheuchte sie weg, aber sie kam wieder. Sie hob ihr Hinterteil und fing zu miauen an: Sie machte sich daran, ein Kätzchen zur Welt zu bringen! Das war der Tag der dreifachen Geburt.
Als im Jahr 1940 meine Schwester Thérèse niederkam, mußte ich den Arzt rufen. Nach drei Tagen Wehen wurden die Herztöne des Kindes unregelmäßig. Meine Mutter sorgte sich: »Mein Gott, ich habe vierzehn Kinder zur Welt gebracht – wenn ich es nur für meine Tochter tun könnte!«
Ich wollte wenn möglich eine Zangengeburt vermeiden und preßte meinen Ellenbogen auf den Bauch von Thérèse. So kam René trotzdem auf natürlichem Wege zur Welt.
Um nach Venthône hinauf zu fahren, benützte man die alte Straße von Miège. Es war Winter, und es lag viel Schnee. Ich wurde zu einer Cousine meines Mannes gerufen. Im Winter waren die Straßen oft gefährlich. So kam ich in einer Kurve bei Glarey ins Schleudern und blieb stecken. Beinahe wäre ich einen Abhang hinuntergestürzt. Ich ließ den Garagisten Ulrich holen, der mich zuerst nach Venthône führte und sich dann um meinen Wagen kümmerte. Ich habe diesen Zwischenfall nie vergessen. Ich sagte zu meiner Patientin: »Das nächste Mal kommen Sie ins Spital. Das ist einfacher für alle!«
Nach meiner Schwester Thérèse hatte auch Gertrude soeben geboren. Es war abends um 10 Uhr. Ich wollte gerade zu Bett gehen, als mein Bruder Pierre kam und mich bat, zu ihm hinauf zu kommen: »Ich glaube, es gilt ernst. Beeile dich!«
Als ich oben ankam, kauerte meine Schwägerin Jeanne im Türrahmen drin. Ich brachte sie ins Bett, und das Kind kam. So haben Gertrude und Jeanne am gleichen Tag geboren.
Eines Tages rief eine Frau an, ich solle so schnell wie möglich zu ihr kommen. Ich fand sie beim Melken im Stall. Das Fruchtwas-

ser war schon abgegangen, und die Nabelschnur hing zwischen ihren Beinen herab. Das Kind war schon in der Gebärmutter tot, man konnte es nicht retten. Sie hat trotzdem normal geboren, erstaunlich, daß sie keinen Starrkrampf bekam. Mit einer offenen Fruchtblase und einem Nabelschnurvorfall die Kühe zu melken – das ist wirklich gefährlich.
Früher wurden die Geburten von den Schwestern im Spital als etwas Unreines angesehen. Das hatte einen Zusammenhang mit ihrem Gelübde. Einmal hatte die kleine Schwester Veritas Nachtwache. Eine Geburt war im Gang, und ich war ganz allein. Die Schwester mußte mir helfen, es ging nicht anders. Sie hielt ein Bein der Patientin, schaute aber ständig zur Seite, sie sah nicht zu, was geschah. Sie sagte zur Patientin: »Tun Sie, was Frau Favre sagt!«
Ich hatte nicht nur mit Armen, mit der Landbevölkerung, sondern auch mit reichen Leuten zu tun. Die Familie, von der ich spreche, bezog 5000 Franken Rente im Monat, besaß eine Ranch in Amerika und wohnte in Montana. Die Frau stand kurz vor der Geburt des zweiten Kindes, und ihr Mann hatte schon Dr. de Preux aus Sion rufen lassen. Dieser wollte jedoch nicht allein hingehen und bat mich, ihn zu begleiten. Ich habe dann die ganze Arbeit gemacht. Beim ersten Kind hatten sie in Lausanne große Geschichten gemacht, doch für die fünf nächsten Kinder holte die Frau jeweils mich. Schließlich duzten wir uns sogar, und ich sagte ganz freundlich zu ihr: »Das nächstemal kommst du ins Spital herunter – ich auf jeden Fall komme nicht mehr hier hinauf!«
Sie schickte mir immer ein Taxi. Auch war sie gar nicht kompliziert. In ihrem Haus hatte es überall Hunde, sogar unter den Bettdecken. Und während der Geburt spazierte ihr Mann immer mit einer Flasche Cognac herum. Sie bezahlten mich sehr gut.
Eine andere Frau war aus dem Kongo gekommen, wo sie ein großes Hotel besaß, um sich in Montana pflegen zu lassen. Sie war tuberkulös. Es traf sich, daß sie während ihres Aufenthalts niederkam. Dr. Burgener machte einen Kaiserschnitt. Sie war

so zufrieden mit meiner Pflege, daß sie zur Geburt des zweiten und dritten Kindes wieder in die Schweiz kam. Sie wohnte im Hotel Bellevue in Montana. Sie wollte eigentlich, daß ich sie in den Kongo zurück begleiten und dort ihre Kinder erziehen sollte: »Sie können mit Ihrem Mann zusammen kommen. Wir haben auch für ihn Arbeit.«
Louis war einverstanden. Aber sie hatte mir mit ihren Geschichten über Schlangen so sehr Angst gemacht, daß ich, nachdem Louis und ich es gut überlegt hatten, ihr Angebot ausschlug. Später mußten ja alle Belgier den Kongo verlassen. Sie verkauften ihr Hotel und ließen sich in Brüssel nieder. Ich besuchte sie dort, als ich zum Hebammenkonreß nach Stockholm reiste. War das ein luxuriöses Haus! Als sie später einmal nach Montana kam, suchte sie mich im Spital auf und gab mir hundert Franken für die Armen. Sie war wirklich eine wunderbare Person.
Manchmal gab es auch komische Situationen. So gab ich einmal einer Süditalienerin am Abend ein Spasmocibalgin-Zäpfchen. Als es am nächsten Morgen immer noch auf dem Nachttisch lag, fragte ich sie: »Weshalb haben Sie das Zäpfchen nicht genommen?« – »Schwester mir Zapfen geben für hinten hinein. Ich nicht Schmerzen hinten, sondern Schmerzen vorne«, sagte sie mit Überzeugung.
Ein anderes Mal stand die Welt kopf. Eine Mutter, die sieben Kinder in Steißlage zur Welt gebracht hatte, kam mit dem achten nieder. Diesmal lag es richtig, und sie meinte: »Mein Gott, es kommt nicht so wie die andern. Was soll ich nur tun?« Vielleicht ist das der Grund dafür, daß die Kinder alle zu Originalen herangewachsen sind.
Im Spital hatten wir eine Frühgeburt mit einem Klumpfüßchen. Man legte einen Gips an, um den Fuß richtig zu stellen. Unglücklicherweise näßte der Kleine beständig. Man mußte etwas finden, um den Gips zu schützen. Ich wollte deshalb in der Apotheke Chastoney ein Kondom, ein Präservativ, kaufen. Ich erklärte, wozu ich es brauchte. Da es nur Packungen mit drei Stück gab, kaufte ich eine solche. Ich stülpte ein Kondom über den Gips, um ihn trockenzuhalten. So war es sehr viel

besser. Eines der Kondome behielt ich in Reserve, das dritte steckte ich in meine Tasche. Ich trug immer Schürzen mit riesigen Taschen. Am nächsten Tag kam die Frau des Polizisten zur Kontrolle. Plötzlich kitzelte es mich an der Nase. Ich zog das Taschentuch aus meiner Tasche – und das Kondom fiel zu Boden. Die Frau mit ihrem dicken Bauch bückte sich, hob das Kondom auf und sagte: »Sie haben etwas verloren!« Ich wußte nicht, was ich sagen sollte, ich war ganz verwirrt: »Jetzt wissen Sie, weshalb ich keine Kinder habe!«
Wir bekamen keine Kinder. Ich weiß nicht, weshalb ich nie schwanger wurde. Ich war ganz und gar unproduktiv. Dafür habe ich fremde Kinder aufgezogen: ein Neugeborenes, dessen Mutter am siebten Tag nach der Geburt an einer Embolie starb. Ich habe es eine Woche gepflegt. Wir hatten immer Kinder daheim.
1942 nahmen wir ein kleines Mädchen zu uns, Marie-Paule. Sein Vater war tuberkulös, die Mutter etwas einfältig. Alle ihre Kinder waren an Hirnhautentzündung gestorben. Marie-Paule war im Spital. Ich hätte sie gerne zu mir genommen, aber ich hatte nicht den Mut, ihre Mutter direkt zu fragen. Ich ging zu ihr und sagte: »Sie haben ja schon so viele Kinder, Sie könnten mir eigentlich die Kleine überlassen . . .«
Am gleichen Abend noch telefonierte die Oberschwester vom Spital, um mir zu sagen, daß ich Marie-Paule zu mir nehmen könne.
Louis kam mit und sah sich das Kind an: »Das Gesicht gefällt mir sehr gut, aber die Beine machen mir Angst . . .«
Die Kleine hatte immer so dünne Beine, daß wir Mühe hatten, Schuhe für ihre Größe zu finden. Louis und ich hingen sehr an diesem Kind. Weil wir Angst hatten, die Eltern könnten es eines Tages zurückverlangen, ließen wir die Sache von einem Advokaten regeln.
Wir liebten sie sehr, diese Kleine, besonders Louis. Wir hätten sie für immer behalten, hätte sie der liebe Gott nicht im Alter von zweieinhalb Jahren nach einer Hirnhautentzündung von uns genommen. Wir waren sehr traurig.

Am 22. September gebar meine Schwester Thérèse in meinem Bett ihr drittes Kind, ein kleines Mädchen, das den Namen von Marie-Paule bekam, zum Andenken an meinen Schützling. Als Thérèse nach Hause zurückkehren sollte, schlug ich vor, mir ihre andere Tochter Marie-Noëlle zu überlassen. Ich hatte alles Nötige, was man brauchte, trotz Krieg, Rationierung und Heizproblemen. Meine Schwester war einverstanden. Marie-Noëlle wurde später auch Hebamme.

Louis, der sich immer freute, wenn Kinder im Haus waren, war begeistert. Marie-Noëlle hat uns während anderthalb Jahren viel Freude gemacht. Sie lebte bei uns bis zum Tod meiner Mutter, die nach dem Ableben meines Mannes 1939 zu uns gezogen war. Meine Mutter war eine große Hilfe für uns. Sie besorgte den Haushalt, kochte und nahm Telefonanrufe entgegen. Wenn jemand anrief, tat sie alles, um mich zu finden. Für sie war jeder Fall dringend, auch wenn ich dann umsonst hinging.

Oft weckte mich das Telefon nach kaum zwei oder drei Stunden Schlaf. Louis, der Frauen gegenüber immer sehr liebenswürdig war, holte die Patientin jeweils ab, während ich noch im Bett bleiben konnte. Unser Haus lag am Weg zum Spital, und wenn Louis im Vorbeifahren hupte, war dies ein Zeichen, daß ich mich beeilen mußte. Er schätzte den Zustand der Patientin sehr genau ein, ich traf immer rechtzeitig ein. Manchmal fuhren wir auch zusammen weg.

Das war der Fall bei einer Frau in Chippis. Louis war mitgekommen, weil Glatteis war. Die Straße unterhalb des Friedhofs bestand damals noch nicht. Man mußte zuerst gegen den kleinen See hinauf fahren, auf einer Straße mit tiefen Schlaglöchern. Das Auto tanzte förmlich, man mußte langsam fahren. Aber wegen der Patientin mußten wir uns beeilen. Man mußte sie unbedingt ins Spital bringen. Ich sagte zu Louis: »Trag sie doch, sie kann nicht mehr gehen!« Sie hatte das Fruchtwasser schon verloren, und als Louis sie auf den Arm nahm, kam der Kopf des Kindes heraus. Louis trug einen Arbeitskittel, der mit Schleim und allem, was mit einem Bébé zusammen herauskommt, vollständig verschmiert wurde. Es machte ihm nichts aus, er war sehr verständig. Ich vergebe ihm viele Dinge, denn er hat mir wirklich sehr geholfen.

Ich hatte das Glück, die verschiedenen Entwicklungen meines Berufes mitzuerleben. Ungefähr fünfzehn Jahre lang machte ich Hausgeburten, bei denen ich oft, ohne mir dessen bewußt zu sein, eine viel zu große Verantwortung übernehmen mußte.

Wenn ich eine Frau besuchte, die ein Kind erwartete, wurde ich in die Familie aufgenommen und verbrachte dort viele Stunden, manchmal auch zwei, drei Tage. Man überließ vieles der Natur. Es gefiel mir gut, ich ging von einem Haushalt zum andern. Oft mußte ich den Ofen einheizen, um Wasser zu kochen, Holz holen oder Wasser am Brunnen. Das alles gehörte zu meinem Beruf. Das war ganz natürlich, nichts Außergewöhnliches.

Einmal habe ich eine Frau auf einem Brückenwagen auf einer Blache entbunden. Es war im Mai und glücklicherweise nicht kalt. Die Frau lag auf einer Art Matratze aus Maisblättern. Ich habe sie dort entbunden. Ich brachte Tücher mit, um das Kind einzuwickeln und der Frau eine trockene Unterlage zu geben. Als ich am zweiten Tag zur Pflege hingehen wollte, waren alle verschwunden. Zwei Jahre später läutete die Frau an meiner Türe: Sie war Hausiererin und brachte mir sechs Taschentücher als Belohnung. Das sind Dinge, die man nicht vergißt.

Neugierde der Kinder

Daß die Kinder neugierig waren, ist verständlich, denn die Familien wohnten eng beieinander. So mußte ich jeweils die Kinder fernhalten, wenn eine Frau niederkam.
Ich erinnere mich an eine Mutter in Muraz, die schon mehrere Kinder hatte. Eine Schar Mädchen war im Zimmer, als ich zu ihr kam. Ich sagte zu ihnen: »Geht in die Küche!« – »Immer müssen wir hinausgehen!« maulte eines.
Im Zimmer stand ein großer runder Tisch mit einer Tischdecke, die weit herunterhing. Während ich Wasser holte, schlich sich das eine Mädchen leise zurück und versteckte sich unter dem Tisch. Ich entdeckte es erst später.
Ein anderes Mal ging ich nach Noës, um eine Wöchnerin zu pflegen. Sie war traurig und entsetzt, weil ihr Sohn erfahren hatte, daß die Kinder nicht aus der Einsiedelei kämen. Am nächsten Tag habe ich der Mutter vorgeschlagen, mit dem Jungen zu sprechen. Während ich das Neugeborene versorgte, zeigte ich ihm den Nabel und sagte: »Du siehst, es stimmt, daß deine Mama das Kleine zur Welt gebracht hat. Du weißt ja, daß die Hühner Eier ausbrüten und daß die Bienen Blütenstaub auf die Blüten tragen. Bei den Menschen tragen die Mütter die Kinder im Bauch. Wenn das Kind reif ist, wenn es groß genug ist, legt man es in Windeln, und ich, die Hebamme komme, um es zu pflegen. Die Mutter muß im Bett bleiben, weil sie eine Wunde hat. Das Bébé war mit ihr durch die Nabelschnur verbunden.« Der Knabe schaute mich kurz an und fragte: »Und Papa?« – »Papa muß in der Fabrik arbeiten, damit er mich bezahlen kann. Ich komme nicht gratis.« Der Knabe holte seine Sparbüchse, leerte sie auf den Tisch und sagte: »Ich will Papa helfen, das Bébé zu bezahlen.« So etwas erlebt man im Spital nicht.
Bei vielen Leuten stand immer eine Flasche Wein auf dem Tisch. Früher hatten viele Hebammen den Alkohol etwas zu

gerne, denn man gab ihnen überall zu trinken und zu essen, Würste, Schinken und Trockenfleisch; jeden Tag gab es einen reichgedeckten Tisch, jeden Tag Wein. Ich zog den Kaffee vor. Bei den Bauern bat ich um eine Fleischbrühe. Ich fühlte mich als Familienmitglied, besonders bei den Leuten in meinem Tal, aber auch anderswo.
Damals standen der Pfarrer und die Hebamme im Val d'Anniviers höher im Ansehen als der Gemeindepräsident.
Einmal rief man mich zu einer trächtigen Geiß. Ich sagte ihnen, ich sei keine Geißen-Hebamme, und ging nicht hin.
Von der Atmosphäre her waren Hausgeburten schöner. Man war Teil der Familie, während später im Spital die Frauen nur noch Nummern waren. Wir alten Hebammen hatten keine so enge Beziehung mehr zu den Wöchnerinnen.

Mißbildungen und schwere Fälle

Während meiner Berufstätigkeit habe ich einige Fälle von Anomalien erlebt. Wie schon gesagt: Wenn der Vater die Lage selber erkannte, war es einfacher für mich. Aber unglücklicherweise kam es oft vor, daß er nicht da war. Dann fand ich oft nicht den Mut, es der Mutter zu sagen. Und je länger ich wartete, um so schwieriger wurde es.
Ich hatte gleich zwei Fälle von Spina bifida hintereinander. Das ist etwas Schreckliches. Die Wirbelsäule ist offen und das Rückenmark liegt frei da, meistens vom fünften Lendenwirbel an. Man sieht in das Innere der Wirbelsäule; sie ist nur von einer dünnen Membran bedeckt, wie die Paraffin aussieht. Obschon die Stelle nicht näßt, muß man sie verbinden. Das Kind ist unterhalb des Bauchs vollständig gelähmt. Damit der Stuhlgang kommt, muß man auf den Bauch drücken. Diese Kinder leben trotz bester Pflege je nach Schwere des Falles nicht lange. Eines der Kinder hat aber doch sechs Monate lang gelebt.
Eine andere Frau hatte erst nach zehn Monaten Schwangerschaft geboren. Es war ein großes Kind, aber es war ein Fall von Anencephalie. Ich hatte einige solche Fälle; die Kinder hatten keine Schädeldecke, ein scheußlicher Anblick. Dieses Kind hat nicht gelebt, es wurde tot geboren.
Oft waren die Umstände sehr dramatisch. So bei jener Frau, deren Mann vor kurzem noch den Beruf gewechselt hatte und Schuhmacher geworden war. Sie hatte schon fünf Kinder und wurde von Zwillingen entbunden. Ich sah, daß sie verzweifelt weinte: »Ich habe kaum genug für eines, und jetzt kommen zwei. Was soll ich nur machen?« Um ihr zu helfen, bat ich beim Roten Kreuz in Sierre um Windeln. Man sagte mir, daß man nicht auf lokaler Ebene helfe, sondern vor allem im Ausland. Von diesem Tag an habe ich dem Roten Kreuz nichts mehr gegeben.

Einmal kam um zwei Uhr nachts ein Anruf aus Ergisch. Das Wetter war so schlecht, daß man nicht bis ins Dorf hinauffahren konnte. Louis begleitete mich, und wir gingen das letzte Stück zu Fuß. Wir mußten die Frau mitnehmen. Die ganze Bevölkerung begleitete uns, es war wie ein Beerdigungszug. Sie kamen mit Laternen bis zum Auto mit. Die Frau ging ein paar Schritte selber. Louis setzte sich ans Steuer, ich saß mit der Frau hinten. Sie hat noch im Auto geboren. Vor dem Spital nahm Louis sie auf die Arme und legte sie mit dem Neugeborenen auf die Tragbahre.

Eines Tages kam eine Frau ins Spital, die sonderbar aussah. Zu jener Zeit kontrollierte man den Blutdruck noch nicht, man hatte keine Meßgeräte. Ich untersuchte die Frau, sie machte den Eindruck einer Betrunkenen. Sie gebar Zwillinge und bekam gleich danach eine Eklampsie. Die Behandlung eines solchen Krampfes nannte man Stroganoff: Man machte abwechselnd Einläufe mit Chloralhydrat und mit ›weißen Tropfen‹, mit Morphin. Dazu mußte die Patientin im Dunkeln liegen, ohne Lärm, in absoluter Ruhe. Diese Frau lag lange im Koma, aber sie kam davon.

Das erstemal kontrollierte ich den Rhesusfaktor bei einer Frau, deren erstes Kind am Leben geblieben war. Das zweite war eine Totgeburt. Beim dritten war sie unter ärztlicher Kontrolle. Das Kind lebte, aber hatte eine schwere Gelbsucht. Ohne meine Arbeitsschürze auszuziehen, fuhr ich mit einem Assistenten und dem Bébé Hals über Kopf nach Lausanne. Dort war schon alles vorbereitet für den Blutaustausch. Es war das erstemal, daß ich das erlebte. Es war im Jahre 1951. Als wir nach Sierre zurückkamen, hatten sie dort die schlechte Nachricht schon vernommen. Das Kind hatte den Eingriff nicht überstanden und war tot.

Ein Jahr nach der Entfernung einer Lunge kam Frau D. im siebten Schwangerschaftsmonat für einen Kaiserschnitt zu uns. Das Risiko für das Kind war groß, und wir behielten die Frau im Bett. Einige Tage später – ich war nach St. Luc zur Fronleichnamsfeier gefahren – rief man mich um vier Uhr ans Telefon.

Es war wegen Frau D. Die Haare standen mir zu Berg. Ich fuhr im Eiltempo in dreißig Minuten nach Sierre. Zum Glück begegnete ich niemandem auf der Straße. Frau D. befand sich im Gebärsaal. Der Assistenzarzt war glücklich, mich zu sehen. Die Eröffnung war fast vollständig. Ich habe meinen Finger nicht mehr herausgezogen, drückte mit meinen hundert Kilo Gewicht auf ihren Bauch und brachte das Kind heraus! Es war ein Knabe. Die Freude war groß nach vier Mädchen. Aber ich war etwas besorgt, denn der Arzt hatte einen Kaiserschnitt angeordnet, und wir hatten das Risiko auf uns genommen, die Schwangerschaft zu verlängern, um wenn möglich das Kind zu retten. Aber Ende gut, alles gut.

Manchmal verloren die Väter die Fassung, auch wenn sie ihre Frauen in guten Händen wußten. So wie der Italiener, der bei der Niederkunft seiner Frau so aufgeregt und durcheinander war, daß er beinahe eine Orange mitsamt der Schale gegessen hätte, so wie man einen Apfel ißt. Wenn ich ihm heute begegne, frage ich ihn: »Schmecken die Orangen immer noch so gut?«

Nach einer Blutung mußte eine Frau ins Spital transportiert werden. Der Arzt schien nicht sehr besorgt über diesen Fall. Während des Nachtessens, so um sechs Uhr, meldete mir Schwester Agnes, daß die Frau wieder zu bluten angefangen habe. Sie saß noch auf dem Nachttopf, der schon überfloß, und war ohnmächtig geworden. Dr. Amacker war nicht aufzufinden. So rief man Dr. Burgener und Dr. de Chastoney und auch gleich einen Geistlichen; man mobilisierte alles. Die Ärzte und der Geistliche trafen miteinander im Operationssaal ein. Für die Transfusion mußte man eine Vene am Knöchel öffnen. Pfarrer Obrist gab ihr die letzte Ölung, Dr. Amacker und Dr. Burgener öffneten den Bauch. Ich behielt kaltes Blut. Die Frau kam davon und das Kind auch. Nachher mußte man sie natürlich die ganze Nacht sehr gut überwachen. Ich habe das damals selber besorgt – ich war stolz auf den Erfolg. Ich sagte zu Dr. Amacker, daß diese Frau ohne mich gestorben wäre, und er pflichtete mir bei. Ich war glücklich, ich hätte die ganze Welt umarmen können!

Eine andere Patientin hatte einen Bandwurm. Er kam nach der Entbindung heraus. Es waren Hunderte von Gliedern, richtige Nudeln, zum Glück war der Kopf dabei. Die Frau hatte den Bandwurm während der Schwangerschaft gehabt, ohne dabei abzumagern.

In einem andern Fall habe ich im vierten Monat Zwillinge festgestellt. Ich fragte die Frau, ob sie beim Wettbewerb der Innovation mitmachen wolle. Dieses große Warenhaus in Lausanne hatte versprochen, Leuten, die eine Bébéaussteuer kauften, eine genau gleiche zweite zu schenken, wenn Zwillinge geboren würden. Die Frau hat es gemacht, meine Diagnose war richtig.

Ich habe ein Neugeborenes gesehen, das richtig gescheckt war. Es hatte Flecken am ganzen Körper, eine Pigmentstörung. Es waren alles erbsengroße braune Muttermale, es sah schrecklich aus. Ich weiß noch, daß es zu Hause geboren wurde, aber daß ich es ins Spital brachte, damit es alle sehen konnten. Es wurde in der deutschen Schweiz oder in Lausanne operiert, ich erinnere mich nicht mehr genau. Es blieben Narben zurück, doch ist es den Ärzten gelungen, alle Muttermale im Gesicht, in den Haaren und an den Armen zu entfernen.

Eine meiner Patientinnen hatte einen negativen Rhesusfaktor. Als das Kind auf der Welt war, habe ich es nicht einmal gewaschen; ich packte es gleich ein und fuhr mit ihm weg. Man maß noch schnell sein Hämoglobin, es hatte ungefähr neunzig. Als wir in Sion ankamen, waren es nur noch sechzig. Der Austausch ging sehr rasch, der Knabe kam davon. Er ist später Journalist geworden. Eines Tages kam er zu mir und sagte: »Man hat mir erzählt, daß ich Ihnen mein Leben verdanke.«

Bei einer andern Gelegenheit haben wir selber einen Blutaustausch gemacht. Ich weiß nicht mehr, um welche Unverträglichkeit zwischen Mann und Frau es sich in diesem Fall gehandelt hat. Aber alle ihre Kinder starben, sie waren alle mißgebildet. Das eine hatte nur ein Auge wie ein Zyklop. Die Kinder waren immer sehr häßlich. Bei der letzten Schwangerschaft war die Frau besonders zuversichtlich und setzte alle ihre Hoffnungen auf dieses Kind. Die Herztöne des Kindes waren gut, aber der Arzt und ich hatten Bedenken. Während der Preßwehen sang die Frau das Magnifikat. Sie hatte einen unglaublichen Mut und einen unerschütterlichen Glauben. Doch auch dieses Kind war nicht normal und starb wie die andern. Ich riet ihr, ein Kind zu adoptieren.

Eine Patientin wurde mir vom Arzt aus Vissoie geschickt. Sie war schwanger und hatte eine Blinddarmentzündung. Als sie eingeliefert wurde, rief mich der Assistenzarzt, um die Herztöne zu überwachen. Man machte die nötigen Laboruntersuchungen. Ich sollte Urin nehmen, aber ich erwischte keinen Tropfen: Die Nieren arbeiteten nicht. Dr. Amacker machte sofort einen Kaiserschnitt. Das Kind war noch nicht ausgetragen, und der Zustand der Frau war sehr schlecht. Der Arzt konstatierte eine Harnvergiftung. Zu jener Zeit machte man in unserem Spital noch keine Dialyse. Man schickte die Frau nach Bern. Sie war bei Bewußtsein und sagte zu mir: »Frau Favre, nehmen Sie sich meiner Kleinen an, sie soll Marie-José heißen.« Die Frau wurde für einige Tage an die künstliche Niere angeschlossen. Sie hat viel gelitten, kam aber durch. Bevor sie von uns wegfuhr, hat man ihr sogar die letzte Ölung gegeben. Julie lebt heute noch. Wenn ich ihr in ihrem Dorf begegne, umarmt sie mich; sie ist froh, daß ich damals bei ihr war.

Wenn ich einen Fall hatte, der mich beunruhigte, setzte ich den Ärzten jeweils hart zu. Ich verstand keinen Spaß, sondern trieb zum schnellen Handeln an. Man meldete mir eine Frau, die wegen eines zu schmalen Beckens schon einmal mit Kaiserschnitt entbunden hatte. Sie kam herein, und ich untersuchte sie: keine Eröffnung, sondern ein dicker Rand, der über die Schambeinfuge hinausragte. Ich überlegte mir, daß der Kopf des Kindes gar nicht herunterkommen könne, da er ja oberhalb dieses Randes lag. Ich telefonierte Dr. Amacker, man müsse sofort operieren. Weil die Frau sicher vorher noch gegessen hatte, mußte man vor der Operation eine Magenspülung machen. Ich hatte Bedenken, noch länger zu warten, und setzte mich mit dem Anästhesisten von Sion, Dr. Zen-Ruffinen, in

Verbindung. Er machte sich noch lustig über mich: Es sei nicht pflichtbewußt, die Dinge zu beschleunigen, nur damit ich eher fertig sei. Er neckte mich! Aber das berührte mich nicht. Die Operation fing an. Beim Schnitt durch die Bauchdecke kam der Kopf des Kindes zum Vorschein. Zum Glück war die Fruchtblase noch ganz, der Kopf steckte noch darin. Aber das Ganze war aus der vollständig zerrissenen Gebärmutter herausgekommen und lag in der Bauchhöhle drin. Niemand sprach ein Wort. Man mußte schnell handeln – mich schauderte, und ich dachte, daß hier nur ein Wunder helfen könne. Man holte einen strammen Buben heraus, der am Leben blieb. Die Mutter hatte schon ein Mädchen. Dann machte man eine Hysterektomie, denn die ganze Gebärmutter war aufgerissen. So konnte man die Mutter und das Kind retten. Ich hatte auf einer sofortigen Operation bestanden, weil ich nicht mehr länger bei der Frau sitzen und sie beobachten wollte. Und gerade dies hat zwei Leben gerettet. Ich werde diesen Fall nie vergessen! Die Mutter war eine hübsche kleine Frau. Als ich aus dem Operationssaal kam, stand ihr Mann vor der Türe. Ich sagte zu ihm: »Mein Gott, wenn Sie wüßten! Zum Glück habe ich allen Beine gemacht, sonst hätten Sie alles verloren!«

Clémence bekam ihr erstes Kind mit vierzig Jahren. Obschon sie seit ungefähr fünfzehn Jahren verheiratet war, war sie nie schwanger geworden. Dann hat sie ein Kind geboren, das eine sehr schwere Gelbsucht bekam und das uns in den ersten Tagen viel Sorgen machte. Eines Morgens rief man mich vom Spital an. Ich wohnte damals gleich nebenan. Schwester Monique sagte: »Kommen Sie schnell, der Kleine von Clémence stirbt!« Um Himmels willen! Ich rannte hinüber, noch im Nachthemd, und es gelang mir, den Kleinen im letzten Moment zu retten, wie, weiß ich nicht mehr. Clémence blieb mir deswegen immer sehr zugetan.

Ich hatte zwei Fälle von Zwittern. Das eine Kind starb nach zehn Tagen, das andere blieb am Leben. Dieser Fall war so ausgeprägt, daß man das Geschlecht des Kindes kaum bestimmen konnte.

Ein anderer schwerer Fall: ein Kind in Gesichtslage und mit einem Handvorfall. Wir machten einen Kaiserschnitt, und die Mutter hat sich gut erholt, sogar ohne Infektion. Dr. Amacker war recht vorsichtig. Das war im Jahr 1961.

Nach 1962 brauchte man die Saugglocke, aber nicht für sehr lange. Man hat sie bald wieder aufgegeben. Ich habe festgestellt, daß man seit 1955 weniger Zangengeburten, aber dafür mehr Kaiserschnitte machte. Bei Steißlage und anderen Komplikationen wurde fast nur noch mit Kaiserschnitt entbunden.

Wenn ich es mir überlege, bin ich sehr froh, daß ich damals am Anfang nicht wußte, was dieser Beruf alles mit sich bringt. Ich hätte nie den Mut gehabt, dies auf mich zu nehmen! Es braucht wirklich Mut. Trotz Unwissenheit und spärlichen Hilfsmitteln habe wir die Schwierigkeiten jedoch recht gut gemeistert.

Der Übergang zu neuen Methoden

Wie schon erwähnt, nahm das Spital in den ersten Jahren nur schwere oder komplizierte Fälle auf. Im Krieg, wo man die Frauen gerne vermehrt hospitalisiert hätte, weil ihre Männer im Dienst waren, war das Spital vom Militär besetzt, was die Einweisungen beschränkte. Aber nach dem Krieg kamen mehr und mehr Frauen – man gewöhnte sich daran. Das freute mich, denn dadurch vergrößerte sich der Kreis meiner Patientinnen. Ich hätte nicht weiterhin Haus- und Spitalgeburten nebeneinander bewältigen können.
Neben dem Spital gab es noch eine weitere Institution, die Schwangere, vor allem unverheiratete, aufnahm. Es war dies die heutige Klinik Sainte-Claire, die *Pouponnière,* wie man sie damals nannte. Es war in Wirklichkeit ein Heim für unverheiratete Mütter, dem Dr. Michelet vorstand, ein guter praktischer Arzt, aber von der alten Schule.
Frauen, die ihr Neugeborenes stillten, erhielten eine Prämie. Wir mußten jeweils eine Geburtsbescheinigung ausfüllen, und die Mutter bekam auch einen kleinen Betrag für die Geburt und in gewissen Fällen eine Stillprämie. Es ist noch nicht so lange her, daß die Geburtskosten durch die Versicherungen gedeckt werden. Ich glaube, dies kam erst nach dem Krieg.
Später entstand eine Mütterberatung, und im Jahr 1955 führte ich dort eine Methode ein, mit der Schwangere auf die ›schmerzlose Geburt‹, wie man sie nennt, vorbereitet wurden. Diese Methode wurde in Lausanne von Ärzten gelehrt, die Kurse in Paris besucht hatten. In der Welschschweiz fanden die ersten Kurse für Hebammen in Lausanne statt. Wir hatten im ›Journal des Sages-femmes‹ davon gelesen. Frau Moix und ich haben den ersten Kurs für Ärzte und Hebammen besucht. Zuerst nahmen nur wenige Hebammen teil, aber später kamen sie von überall her. Ich habe die Kurse während drei Jahren besucht. Im ersten Jahr zweimal in der Woche, im zweiten Jahr

besuchte ich Kurse mit Müttern zusammen. Im Jahr 1957 machte ich ein Praktikum von neun Tagen.

Wir erzielten sehr gute Ergebnisse mit dieser Methode, obschon sie ja sehr stark kritisiert wurde. Die Frauen setzten unglaubliche Gerüchte in Umlauf: Die eine sagte, der Papst habe es verboten, die andere, es sei eine Sünde, sei nicht natürlich usw. Andere hingegen fanden es wunderbar.

Ich erinnere mich an eine Mutter, die meinen Kurs besuchte. Es war in einem der ersten Jahre, in denen ich die Mütter vorbereitete. Diese Frau kam zu Fuß von Chalais. Bei der ersten Stunde sagte sie mir: »Ich hatte immer schreckliche und lange Geburten. Ich habe elfmal geboren, aber diesmal will ich Ihre Methode ausprobieren.« Ich war etwas skeptisch: »Ich weiß nicht, ob Sie nach so vielen Schwangerschaften mit dieser Methode Erfolg haben. Vielleicht vertun Sie nur Ihre Zeit.« – »Das macht nichts. Wenn es nicht hilft, so schadet es nicht, und ich habe Vertrauen in Sie.« Nun gut, sie kam also in meinen Kurs. Bei der Geburt brach, wie schon früher immer, gleich das Fruchtwasser. Sie kontrollierte ihre Wehen sehr gut, das Kind kam. Sie rief aus: »Mein Gott, wie war es schön! Wenn ich von vorne anfangen könnte, ich würde alle so machen!«

Das war das beste Resultat bei einer Mehrgebärenden. Ich erinnere mich an eine Frau, die von einem weit entfernten Dorf kam. Es war ihr viertes oder fünftes Kind, bei dem sie jetzt die neue Methode anwandte. »Haben Sie einen Unterschied gespürt zu Ihren letzten Entbindungen?« fragte ich sie. »Ich spürte, wie die Kontraktionen kamen (es war den Frauen verboten worden, sie ›Wehen‹ zu nennen), aber ich stellte sie mir vor wie eine Schrift auf einer Wandtafel, die man nachher gleich mit einem Schwamm auslöscht.«

Als ich diese Methode neu lehrte, kam eine Frau, die ihr erstes Kind mit Kaiserschnitt geboren hatte. Sie war bei Dr. Amacker in Behandlung, der ihr jedoch von diesem Kurs abgeraten hatte. Die Frau war schon älter. Sie entschloß sich, trotzdem mit mir zu sprechen: »Es ist nicht, weil ich vor einem Kaiserschnitt Angst habe. Aber es kostet so viel! Ich möchte versuchen, nach Ihrer Methode zu gebären.« Sie besuchte den Kurs. Nach dem Unterricht blieb sie jeweils noch länger, und ich machte mit ihr noch weitere Übungen. Die Frau hatte schon Depressionen gehabt, ich sorgte mich deshalb ganz besonders um sie. Während der Geburt gab sie sich eine unglaubliche Mühe, keine einzige Kontraktion zu verpassen. Wir hatten sie unter Kontrolle. Als der Muttermund eröffnet war, zögerte ich etwas, sie pressen zu lassen. Sie war ja schon vierzig Jahre alt und hatte ihr erstes Kind nicht auf diesem Weg geboren. Ich telefonierte Dr. Amacker, der mit der Zange kam. Aber wir brauchten sie nicht, das Kind kam normal zur Welt.

Das war ein ganz besonderer Fall, und Dr. Amacker war vom Resultat höchst erfreut. Er schenkte mir sein volles Vertrauen, denn – ohne mich rühmen zu wollen – ich war gut im Diagnosestellen. Oft bat er mich, diese oder jene Person anzusehen, die Schwierigkeiten hatte, auch wenn noch andere Hebammen im Gebärsaal waren. Wenn er einen Entscheid fällte, hieß es immer: »Was halten Sie davon, Frau Favre?« Er schätzte es, wenn ich ihm assistierte, wir waren ein gutes Team. Wir waren auch zufrieden mit den Ergebnissen, die wir erzielten. Wir taten alles, um chirurgische Eingriffe nach Möglichkeit zu umgehen, besonders bei schlechten oder Steißlagen, bei Querlagen oder bei zu engem Becken.

Alice aus Leukerbad war Krankenschwester. Sie hatte lange im Spital gearbeitet, ich kannte sie sehr gut. Sie gebar immer besonders große Kinder. Während einer ihrer Schwangerschaften besuchte ich sie in Leukerbad. Ich stellte eine Steißlage fest. Es war ihr drittes oder viertes Kind. Man mußte sofort handeln. Dr. Amacker war jedoch in Fiesch. »Ich bin froh, daß er nicht da ist«, sagte Alice in ihrem Oberwalliser Dialekt. Ich bat Schwester Laurence, die ›Hebamme‹ zu spielen, während ich der ›Doktor‹ war. Wir wollten die Bracht-Methode anwenden: Schwester Laurence mußte den Kopf des Kindes stützen, indem sie ihre Hand auf den Bauch der Mutter hielt. Während ich der Mutter beim Pressen half, konnte ich das Kind nach der Methode Bracht herausbringen. Das Kind wog vier Kilo – welch ein Unterfangen!

Moderne Säuglingspflege

Am Anfang meiner Laufbahn verfügte ich nicht über große Kenntnisse oder Techniken, um Kinder zu retten, die Schwierigkeiten hatten. Oft starben sie. Es war sehr wichtig, daß sie vorher getauft wurden, was ich in dringenden Fällen selber machte.
In Genf hatten wir einige Methoden zur Reanimation erlernt, unter anderem die von Schultze. Diese Handgriffe sahen erschreckend aus, aber oft konnte ich damit ein Kind retten.
Später habe ich, wie andere Hebammen auch, selber einige Methoden oder ›Kniffe‹ herausgefunden. Zum Beispiel, wie man ein Kind wärmt und ihm damit unter Umständen das Leben rettet. Sehr oft haben sich diese Methoden als wirksam erwiesen. Natürlich hat sich auch die Technik nach und nach verbessert. Es kamen die Brutkästen, die für Frühgeburten, die früher unweigerlich starben, lebensnotwendig waren.
Als ich eines Tages an der offenen Tür des Gebärsaals vorbeiging, sah ich, wie die Hebamme ein Glas mit Wasser füllte, um ein Kind zu taufen, das soeben zur Welt gekommen war. Ich trat ein und legte meine Hand auf das Herz des Neugeborenen. Es schlug noch. Wie ein Räuber entriß ich das Kind der Hebamme und rannte mit ihm in den Reanimationsraum. Ich gab ihm Sauerstoff, dann machte ich mit ihm gymnastische Bewegungen, ich hielt es mit dem Kopf nach unten. Dann legte ich es in ein warmes Bad, um es aufzuwärmen. Das Kind fing zu weinen an, es lebte.
In der Maternité von Sierre wurden die Brutkästen eingeführt. Das erste Bébé, das wir in einen Brutkasten legten, war das Kind unseres Assistenzarztes. Später hatten wir noch mehrere solche Fälle, und weil es am Spital noch keinen Kinderarzt gab, nahm ich mit der Kinderklinik in Lausanne Kontakt auf, um zu erfahren, wie man Frühgeburten pflegt. Wenn ein Kind weniger als 1200 g wog, legten wir es in den Brutkasten oder in

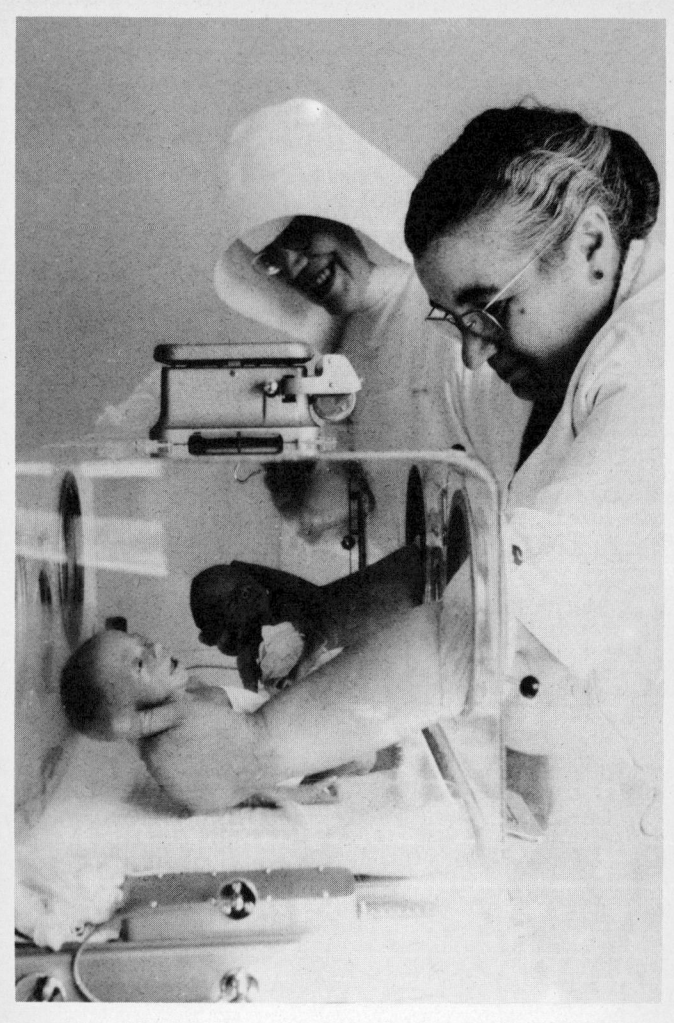

Der Brutkasten im Spital mit den Frühgeburten

Watte eingehüllt in ein Bettchen. In den ersten Tagen bekamen sie keine Nahrung, dann fing ich an, sie mit der Pipette oder mit der Sonde zu ernähren, so wie ich es in Lausanne gelernt hatte.

Ich erinnere mich an eine Frühgeburt, die Gagarin getauft wurde. Das Kind war am Tag geboren, als dieser Russe zum erstenmal in den Weltraum flog.

Etwas später kam der erste Kinderarzt nach Sierre. Aber ich brauchte noch oft meine alten Methoden, denn Frau Dr. de Chastoney war im Umgang mit dem Brutkasten noch nicht so geübt. Sie sagte es selber und wandte sich oft an mich.

Manchmal gab es Überraschungen. So bei einer Frau, die mit ihrem Neugeborenen soeben nach Hause entlassen worden war. Sie hatte während ihres Spitalaufenthalts Biskuits und Bonbons geschenkt bekommen, die sie daheim ihren Kindern geben wollte. Sie hatte mehrere, unter anderem eines, das gerade laufen lernte. Kaum war sie vom Spital weg, kam sie mit dem Neugeborenen im Arm wieder zurück. Das Kind konnte nicht mehr atmen. Sein Bruder hatte ihm in einem Anflug von Zärtlichkeit ein Bonbon in den Mund gesteckt. Ich ließ Frau Dr. de Chastoney holen und versuchte inzwischen, das Bonbon herauszuholen. Mit den Fingern ging es nicht. Ich füllte eine Spritze mit zehn Kubikzentimeter Wasser und spritzte dieses dem Kind in die Nase. Das Bonbon flog heraus. Ich erinnere mich heute noch daran: Es war eine rote Himbeere.

Wenn ein Kind mit Mißbildungen zur Welt kam, gaben wir ihm keine Mittel, um es am Leben zu erhalten, aber auch keine, um es sterben zu lassen. Das war doch Gottes Wille, nicht? Ich erinnere mich an ein Kind mit schweren Mißbildungen, das ungefähr 14 Tage lebte. Ein Arzt, der nicht zu unserem Spital gehörte, war bereit, ihm eine Spritze zu geben. Ich wollte ihm nicht helfen dabei. Es war übrigens gar nicht nötig, denn am nächsten Tag konnte das Kind sterben. Ich muß schon sagen, daß man diesen Kindern den Tod wünschte. Wenn sie starben, war es gut – wenn sie überlebten, durfte man sich nicht erlauben, ihnen sterben zu helfen.

Zum Thema Abtreibungen

Ich wurde oft darum gebeten, denn die Leute glaubten, ich würde ihnen helfen, weil ich in Genf, für die Walliser ein Ort der Verdammnis, studiert hatte. Ich habe es nie getan.
Die Frauen kamen, um die Hebamme um Rat zu fragen, oder bestanden darauf, eine Adresse zu bekommen. Ich habe mir nie erlaubt einzugreifen, ich hätte gar nicht gewußt wie. An der Schule in Genf hatte ich nichts dergleichen gelernt. Schwangerschaftsabbrüche aus medizinischen Gründen machte man bei uns nicht, dies geschah auf der Gynäkologie. Unsere Vorsteherin in Genf war eine Nonne, eine Diakonisse aus St. Loup. Sie war sehr besorgt um die Schülerinnen und erlaubte ihnen nicht, in die Gynäkologische Abteilung zu gehen. Was dort geschah, davon wußten wir nichts.
Die Frauen wandten sich, sei es aus Verzweiflung oder aus Unwissenheit, immer wieder an »Engelmacherinnen« oder an andere zweifelhafte Gestalten. Man kennt die oft dramatischen Folgen. Bevor die Frauen dort landeten, versuchten sie manchmal, einen Abort herbeizuführen, indem sie Absinth oder Rautentee tranken.
Ich erinnere mich an eine Mutter zahlreicher Kinder, die wieder schwanger war. Ich ermunterte sie dazu, das Kind zu behalten, und erzählte ihr, was Dr. Turini einer Mutter von vier Kindern gesagt hatte: »Hören Sie, bringen sie Ihre vier Kinder zu mir und sagen Sie mir, welches ich töten soll!« – »Aber ich will keines von ihnen töten, sie sind da, ich will alle behalten!« Worauf er zur Antwort gab: »Warum tötest du nicht eines, das sich wehren kann?«
Aber diese Frau hatte sich in den Kopf gesetzt, das Kind nicht zu behalten. Vierzehn Tage später kam sie wieder und erzählte mir, was inzwischen geschehen war. Sie war nach Genf gefahren, wo sie in einem Auto zu einer Frau gebracht worden war. Sie konnte mir nicht genau erklären, was diese mit ihr gemacht

hatte. Ich nehme an, daß die Frau ihr Laminarien eingeführt hat. Laminarien sind Algen, die aufgehen, wenn sie feucht werden. So weiten sie den Gebärmutterhals und erleichtern dadurch eine Auskratzung. Die Schwangere wurde dann in die Stadt geschickt, um Binden zu kaufen. Nachher sollte sie ins Wallis zurückfahren.

Ich muß betonen, daß die Frau nicht in Sierre wohnte. In Genf wurde sie vor der Apotheke ohnmächtig. Man wollte sie in ein Spital bringen, aber sie widersetzte sich und kehrte zu der Person zurück, die sie vorher behandelt hatte. Diese Frau erklärte: »Ich gebe Ihnen Ihr Geld zurück und behalte nur hundert Franken für meine Bemühungen. Und Sie fahren jetzt nach Hause!« Sie nahm ihr die Laminarien heraus und schickte sie weg. Drei Tage später bekam die Frau Fieber und kam zu mir. »Ich kann Ihnen nicht helfen, Sie haben sicher eine Infektion. Den besten Rat, den ich Ihnen geben kann, ist der, zum Arzt zu gehen.«

Ich hatte solche Angst, sie würde nicht gehen, daß ich selber Dr. Amacker telefonierte. Wir mußten die Frau mit einer schrecklichen Tetanus-Infektion ins Spital einliefern. Ich weiß nicht, was aus ihr geworden ist. Aber sicher hat sie keine Kinder mehr gehabt.

Ich habe andere Fälle erlebt. So jene Frau, die im fünften Monat den Kopf des Kindes mit einer Stricknadel durchbohrte!

Damals half man, wenn das Unglück schon geschehen war. Meistens waren die Frauen, die eine Abtreibung wollten, unverheiratet, ledige Mütter. Das war schlimm, wenn man ohne Ehemann schwanger wurde. Es war beinahe ein Verbrechen, ein Kind zu erwarten. So zogen die Frauen es vor, ihr Leben aufs Spiel zu setzen, oder sie gaben ihr Kind weg.

Ich habe gesehen, wie Ausländerinnen ihr Kind nach der Geburt weggaben, ohne zu wissen, was aus ihm wurde. Sie hatten keine andere Wahl, denn sie konnten unmöglich mit einem Kind heimkehren, besonders jene aus Unteritalien

nicht, wo die Moralbegriffe noch sehr streng sind. Sie hatten Angst vor ihren Brüdern, ihren Schwestern, ihren Eltern.
Ich war nach der ›alten Schule‹ erzogen worden. Ich nehme an, daß man heute mit den verschiedenen Verhütungsmitteln, die einer Frau zur Verfügung stehen, keine Abtreibungen mehr machen muß, abgesehen von solchen aus medizinischen Gründen, wegen Mißbildungen oder wegen Mongolismus, den man ja heute mit der modernen Technik schon früh feststellen kann.
Für die Empfängnisverhütung gab es zuerst nur die Methode Ogino. Später riet ich meinen Patientinnen immer zu einer anderen Methode, zur Pille oder zur Spirale, und ich übernahm auch die Verantwortung, die Kirche war natürlich nicht ganz damit einverstanden.
Es lag mir immer daran, daß die Frauen einen Entschluß mit ihrem Gatten zusammen faßten. Wenn sie jedoch schwanger wurden, ermunterte ich sie, das Kind zu behalten.

Betrachtungen

Früher war die Schwangerschaft für die Frauen eine ganz natürliche Sache. Erst wenn sie schon fortgeschritten war, meldeten sie sich bei der Hebamme. Sie gingen fast nie zum Arzt.
In den ersten Jahren meiner Tätigkeit kam ich manchmal zu Gebärenden, die ich nicht kannte. Da gab es oft Überraschungen: Eklampsien, falsche Lagen, bei denen man nichts mehr tun konnte, die man aber hätte vermeiden können. Das alles gibt es nicht mehr. Früher verloren die Frauen das Fruchtwasser, hatten Wehen und gingen trotzdem noch ihrer Arbeit nach, wie wenn nichts wäre. So etwas geschah, weil die Leute nicht Bescheid wußten. Man sagte, die Geburt sei eine natürliche Sache, und jedermann müsse das durchstehen, das sei nun einmal so.
Weil ich schon sehr jung als Hebamme anfing – ich war kaum zwanzigeinhalb Jahre alt –, hatte ich große Mühe, mich bei den Angehörigen der Wöchnerinnen durchzusetzen; die Mütter, die Schwiegermütter und die Großmütter mischten sich ständig ein und erteilten Ratschläge, was die Sache komplizierte. Im Laufe der Gespräche brachte ich die Frauen dazu, sich untersuchen zu lassen. Ich verlangte nicht von ihnen, daß sie zum Arzt gingen, denn dazu fehlten ihnen die finanziellen Mittel. Und zudem tat man das nicht. Ich ließ sie jedoch zu Urinuntersuchungen kommen. In der Maternité hatte ich den Esbach-Test gelernt. Ich maß damals auch den Blutdruck noch nicht, das war nicht üblich. Wer Eiweiß hatte, bekam eine Diät verordnet. Mehr und mehr wurde es üblich, daß sich die Frauen untersuchen ließen, ein- oder zweimal. Nachher fing dann die Zeit der Ärzte an.
Wenn es Komplikationen gab, gingen die Frauen zu Allgemeinpraktikern. Diese hatten recht beschränkte Kenntnisse in Geburtshilfe. So wagten sie zum Beispiel nicht, eine Plazenta

abzulösen. Auch Dr. Michelet, der viele Frauen behandelte, war sehr konservativ. Er machte nie einen Dammschnitt, auch zog er nie Gummihandschuhe an; er desinfizierte seine Hände mit Jod und nahm eine Plazenta-Ablösung mit der bloßen Hand vor.

Der erste Frauenarzt im Wallis ließ sich in Sierre nieder. Es war Dr. Amacker, den ich oft erwähnt habe. Er betreute als Arzt Sierre und die Umgebung und sogar das Oberwallis. Während vieler Jahre blieb er der einzige Gynäkologe, und das ist auch der Grund für die vielen Entbindungen im Spital. Die Frauen kamen vor allem seinetwegen.

Zu Hause war die Vorbereitung der Frauen auf die Geburt einfacher. Sie hatten ihre Angehörigen um sich, und die Hebamme war jederzeit erreichbar. Ich konnte allerdings nicht immer die ganze Zeit über bei ihnen bleiben, wenn ich in der Umgebung zwei oder drei Entbindungen zur gleichen Zeit hatte. Aber dann halfen Kolleginnen aus der Region oder ersetzten mich auch hie und da, wenn sie selber frei waren. Ich ging von einer Patientin zur andern. Aber auf keinen Fall ließ ich eine Frau allein, wenn die Eröffnung zur Hälfte erfolgt war. Da fühlte ich mich zu sehr verantwortlich. Ich blieb bei ihr, rieb ihr etwa den Rücken, ging mit ihr auf und ab, sprach ihr zu und machte ihr Mut. Ich erzählte den Frauen auch Geschichten. Man kann sagen, daß zu Hause die Infektionsgefahr kleiner war, weil die Frauen den Mikroben ihres Haushalts gegenüber resistent waren. Von daher fühlten sie sich sicherer. Oft nahm der Arzt auch schwere Eingriffe zu Hause vor: Zangengeburten, Steißlagen und Plazenta-Ablösungen. Die Ergebnisse waren im allgemeinen recht gut. Ich will nicht behaupten, daß es nicht auch Zwischenfälle gab, aber die Resultate waren so gut, wie es unter diesen Umständen möglich war.

Als die Wöchnerinnen später zur Entbindung ins Spital kamen, dachten sie, es gehe dort alles viel rascher. Sie fühlten sich sehr einsam in den vier Spitalwänden, sie konnten sich kaum bewegen und auch nicht mit Angehörigen sprechen. Sie sorgten sich, wie es wohl daheim gehe, wo sie Kinder und Mann allein zurückgelassen hatten. Alle diese Nachteile beunruhigten sie; ein Spitalaufenthalt war oft nicht die optimale Lösung. Wenn man mich fragt, was besser sei, eine Hausgeburt oder eine Spitalgeburt, so muß ich zugeben, daß von der psychologischen Seite der Familie her gesehen eine Hausgeburt besser ist. Aber in bezug auf die Sicherheit und die Verantwortung, die wir Hebammen übernehmen mußten, ist es besser im Spital. Dort gibt es Ärzte, Personal und auch das nötige Material. Während ungefähr 15 Jahren hatte man ohne Schmerzmittel, ohne Medikamente zum Anregen der Wehen oder zur Erleichterung der Geburt gearbeitet. Ich hatte schwierige Fälle, aber auch die gingen ganz natürlich vor sich.

Der Ruhestand rückt näher

Beim Durchblättern meiner Bücher sehe ich, daß ich bei über tausend Kaiserschnitten assistiert habe, wenn ich sie bis zum Jahr 1972 zähle. Nachher habe ich als angestellte Hebamme im Spital gearbeitet und habe dort keine Aufzeichnungen mehr gemacht.
1974 gab es große Veränderungen. Der Gynäkologe, mit dem ich während dreißig Jahren gearbeitet hatte, kam ins Pensionsalter. Er sollte ersetzt werden, und die Hebammen sollten von jetzt an nach einem festgelegten Stundenplan arbeiten. Es gab keine Möglichkeit mehr, seine eigenen Patientinnen zu pflegen. Damals beschloß ich zurückzutreten. Es machte mir schon etwas Mühe, denn ich war noch sehr aktiv. Auch hatte ich mir immer gewünscht, fünfzig Jahre im Dienst zu bleiben. Aber nachdem ich während 48 Jahren selbständig gearbeitet hatte, wollte ich mich nicht der neuen Regelung unterstellen. Es schien mir unmöglich, die neuen Bedingungen anzunehmen.
Der neue Gynäkologe begann seine Tätigkeit, als der Wechsel schon stattgefunden hatte. Das Spital stellte Hebammen ein, aber die meisten verließen ihre Stelle wieder, weil sie nicht zehn Stunden am Tag arbeiten konnten. Der neue Frauenarzt rief mich zu sich ins Spital und versuchte, mich zum Bleiben zu überreden. Ich hatte eine lange Unterredung mit ihm. Er hatte einen noch härteren Kopf als ich, die ich doch aus dem Val d'Anniviers stamme. Schließlich willigte ich ein. Die Arbeitsweise veränderte sich etwas. Man mußte die Frauen anders zur Geburt vorbereiten; die Anamnesen wurden umfassender, ich mußte mich an den Kardiographen, an das Gerät für die Überwachung der Herztöne und der Wehen und an den Monitor gewöhnen.
Ich war im Monatslohn angestellt. Aber ich hatte keine Verantwortung mehr, denn es gab jetzt Assistenzärzte und zwei Gynäkologen.

Ich habe noch drei Jahre voll und zwei Jahre zu fünfzig Prozent gearbeitet. So ist es doch noch dazu gekommen, daß ich ein halbes Jahrhundert im Dienst des Lebens gewirkt habe. In den letzten Jahren mußte ich allerdings vor allem schreiben und kam dadurch kaum mehr zum Arbeiten. Man mußte alles zu Papier bringen. Es war eine administrative Arbeit.

Wenn ich an den Verlauf meiner Tätigkeit denke, empfinde ich eine große Befriedigung. Ich habe alle Stufen unseres Berufes erlebt, angefangen bei den Hausgeburten ohne jede Bequemlichkeiten, oft sogar ohne das Allernötigste. Es gab damals auch noch eine Menge Tabus: So durfte man bei einer Geburt keine sauberen Tücher verwenden, weil diese Blutungen förderten, und eine Wöchnerin durfte zwischen den Wehen keinen Schritt tun. Dazu kamen alle die Verbote von seiten der Großmütter.

Diese zwanzig Jahre mit Hausgeburten waren nicht immer einfach, und meine Verantwortung war groß. Und doch war dies die schönste Zeit meiner Tätigkeit, und zwar wegen den herzlichen Kontakten, die ich mit den Familien hatte.

Die Frauen mußten bei den Geburten harte Prüfungen bestehen, ohne Medikamente gegen die Schmerzen, ohne Anästhesie beim Nähen.

Die Zeit, wo man halb im Spital, halb bei den Frauen zu Hause war, gab den Hebammen die Möglichkeit, sich den neuesten Fortschritten anzupassen. Und dann ließ sich der erste Frauenarzt im Wallis nieder und nahm die Dienste des Spitals in Anspruch. Wir hatten dort zuerst nur eine kleine Geburtsabteilung, die immer gut besetzt war. Die Patientinnen kamen von überall, denn hier war der einzige Spezialist.

Der Erweiterungsbau ermöglichte dann eine neue Geburtsabteilung. So habe ich in den letzten 20 Jahren fast nur noch am Spital gearbeitet, was für mich weniger Sorgen bedeutete, weil mir die Ärzte zur Seite standen. Für die Patientinnen begann gleichzeitig mit dem Gynäkologen auch eine neue Behandlung mit Medikamenten. Sie bekamen Mittel, welche die Geburten verkürzten und die Schmerzen milderten. Das war ein riesiger Fortschritt.

Doch dies alles bedeutete leider weniger Kontakte mit den Familien der Gebärenden, weniger Freude, weil die Geschwister des Neugeborenen nicht da waren und man ihr Erstaunen und ihre Reaktionen nicht mehr miterlebte. Man darf nicht vergessen, daß ich seit Beginn meiner Tätigkeit oft zehn oder zwölf Kinder der gleichen Mutter zur Welt gebracht habe. Familien mit sechs Kindern galten damals als kleine Familie.

Ich möchte meine Geschichte nicht beenden, ohne die Rolle der Väter zu erwähnen. Früher hatte die Hebamme bei Hausgeburten nur eine mögliche Hilfe, den Vater. Es gab unter ihnen die verschiedensten Typen. Die Mutigen beteiligten sich voll und ganz an der Geburt ihres Kindes, auch wenn sich die Wehen über Stunden, ja Tage hinzogen. Es ist zu sagen, daß es Unwissenheit und Furcht waren, die jeweils schon bald einmal Klagen bei den Patientinnen auslösten.

Der Mut werdender Väter, die mir in aller Ruhe halfen, auch wenn sie bleich wurden und zu schwitzen anfingen, hat mich immer wieder beeindruckt. Sie hielten sich gut, trotz ihrer Aufregung angesichts einer ersten Geburt. Ich vergaß dabei nie, daß auch ich am Anfang meiner Ausbildung Mühe hatte, dies durchzustehen.

Dann gab es Männer, die ihre Sorgen ertränkten, zwischen Keller und Schlafzimmer hin und her pendelten und die zuletzt zu nichts mehr zu gebrauchen waren. Im Spital waren sie vielleicht noch eine moralische Stütze für die Patientin, aber sie spürten, daß sie nicht unbedingt gebraucht wurden. Sie konnten ja ohne weiteres hinausgehen, und viele benutzten diese Möglichkeit sehr ausgiebig. Sie wußten, daß die Hebamme und ihre Helfer da waren. Ich habe oft darum gekämpft, daß die Väter bei ihren Frauen ausharrten. Ich fand es schade, wenn sie nicht sahen, wie ihr Kind zur Welt kam.

Nach 1955 bereiteten sich die Frauen nach der Methode der schmerzlosen Geburt vor. In den letzten zwei Schwangerschaftsmonaten und vor allem während der Wehen war die Mithilfe des Mannes unbedingt nötig. Der Erfolg war oft dem Mann zu verdanken, der von Anfang bis zum Ende gute Hilfe

leistete. So wurden sich die Männer nach und nach bewußt, daß ihnen bei Schwangerschaft und Geburt auch eine Rolle zukommt. Sie stellten jeweils während der Wehen viele Fragen und spornten die Frauen bei den Preßwehen an. Einige liefen dunkelrot an vor Anstrengung, wenn sie mit ihren Frauen zusammen preßten. Ihre Freude war immer riesig, wenn sie das Kindchen kommen sahen, auch wenn die Natur ihren Wunsch nach einem Mädchen oder einem Knaben nicht erfüllte. Sie freuten sich trotzdem und lachten darüber.
Die Methode der schmerzlosen Geburt hatte sehr gute Erfolge. In achtzig Prozent der Fälle konnten die Frauen mit Hilfe ihrer Männer und auch der Hebamme die Vorgänge unter Kontrolle halten. In der letzten Hälfte der Geburt mußte ich bei der Frau bleiben, um ihr zu helfen, das Gelernte anzuwenden. Wir waren ein Team, die Mütter waren sehr auf mich angewiesen.
Seit die Technik in den Spitälern Einzug gehalten hat, haben sich die Methoden der Geburtsheilkunde vollständig geändert: Die Geburten gehen nicht mehr natürlich vor sich, sie werden gesteuert. Die Mütter, durch die Presse und leider manchmal auch durch medizinisches Personal verunsichert, wissen nicht mehr, wie man ein Kind zur Welt bringt. Die Schwangerschaft gilt als Krankheit und wird auch als solche behandelt.
Ich war immer sehr glücklich über die Entwicklungen in der Geburtshilfe, wenn sie sich als verlängerter Arm der Natur verstanden. Aber heute muß ich eindringlich warnen! Wenn wir früher zuwenig Hilfsmittel hatten, steht heute der Geburtshilfe eine unglaubliche Technik zur Verfügung, mit der sie in den Verlauf einer Geburt eingreifen kann. Die Versuchung ist groß, sich dieser Technik auch dann zu bedienen, wenn es medizinisch nicht unbedingt nötig wäre.
Wie oft habe ich gehört, daß Mütter vor dem Termin entbinden wollten! Und wir haben ihnen oft diesen Eingriff in die Natur nicht verweigert, weil es bequemer war, ihrem Drängen nachzugeben, und weil uns die moderne Technik die nötigen Hilfsmittel dazu anbietet. Ich habe den Befehlen gehorcht, mit Bedauern, oft auch mit einer heiligen Wut. Ich mußte Gebur-

ten einleiten, wenn es nach meinen Erfahrungen unnötig, ja direkt gefährlich war.

Es stimmt, daß Eingriffe in Notfällen, Kaiserschnitte zum Beispiel, oft Mutter und Kind das Leben retten und schwere Schäden verhindern. Trotzdem war es mir nicht immer wohl bei den neuen Praktiken. Früher waren Zeitmangel und fehlende Überwachung schuld an Komplikationen. Aber heute schaffen wir uns neue Probleme, wenn wir der Natur entgegenarbeiten, sie auf den Kopf stellen.

Ich wünschte, daß die Bewegung zurück zu einer natürlichen Lebenshaltung, die im Moment unsere Bevölkerung erfaßt hat, die Ausübung unseres schönen Berufes wieder ins Gleichgewicht bringt. Ich wünschte, daß sich die Technik, die so wunderbar ist, wenn man sie in voller Verantwortung anwendet, noch weiter entwickelt, so daß unsere Kinder in Freude, in Frieden und in einer gerechten Sicherheit zur Welt kommen!

Marie-Noëlle Bovier
Hebammen – gestern und heute

Es muß spannend gewesen sein, den Weg von den spärlichen Möglichkeiten der Medizin am Anfang unseres Jahrhunderts bis zum reichen Angebot unserer Zeit Schritt für Schritt selber zu gehen. Ich kann mir das Bangen der Hebammen ›von damals‹ vorstellen, denen nur einige Kräuter als Allerweltsheilmittel sowie die zum Preis vieler Leiden selbst erworbenen Kenntnisse und die moralische Hilfe des Gebets zur Verfügung standen. Man war damals fatalistisch, aber ich kann nicht glauben, daß unsere Großmütter sich nicht gegen ihr Schicksal auflehnten. Was gab ihnen die Kraft, ihre Aufgaben jeden Tag wieder neu zu erfüllen?
Die Hebammen der Generation von Tante Adeline haben Riesenschritte zurückgelegt. Am Anfang ihrer Laufbahn hatten sie, mit ihren wenigen wissenschaftlichen Kenntnissen, kaum Möglichkeiten, den Müttern in schwierigen Situationen zu helfen.
Die Entdeckung von neuen Medikamenten – Sulfonamiden und Antibiotika – ermöglichte es, Kaiserschnitte, Plazenta-Ablösungen oder andere lebensrettende Eingriffe ohne das Risiko tödlicher Infektionen vorzunehmen. Die Narkose, die mit den Jahren immer sicherer wurde, erleichterte die Eingriffe, die dadurch für Mutter und Kind weniger traumatisch wurden. Die Blutverdünnungsmittel verbannten das Gespenst der tödlichen Embolien. Man hatte jetzt wirksame Waffen für den Kampf ums Leben.
Als eine gewisse Sicherheit erreicht war, verbesserte man die Qualität, indem man die Vorsorge ausbaute und Schwangerschaft und Geburt genauer und besser überwachte.
Mit der Geburtsvorbereitung fing die psychologische Phase an: Unsere Großmütter entbanden mit der Angst vor dem Tod im Nacken, unsere Mütter hatten ›nur noch‹ Angst vor schmerz-

haften Komplikationen. Man hat ihnen gezeigt, wie sie die Schmerzen ›wegwischen‹ und sich entspannen können, um die Geburt zu erleichtern. Die Kontraktionen kontrollieren, seine Emotionen beherrschen, gut pressen, dem Kind eine möglichst leichte Geburt ermöglichen: Die Frauen sollten bei der Geburt stolz auf sich selber, selbstbewußt sein, reifer werden.

Die Hebammen meiner Generation sind Teil einer medizinischen Equipe. Die hochentwickelte Technik ermöglicht es, den Unvollkommenheiten der Natur in immer größerem Maß zu begegnen. Was wir jedoch an Sicherheit gewonnen haben, haben wir an menschlichem Kontakt verloren.

Eine ängstliche Mutter ›von damals‹ verlangte nach einer ›soliden‹, mütterlichen, menschlichen Hebamme, die man Tag und Nacht rufen konnte. Heute erwarten die Eltern von uns genügend technisches Wissen, um bei Schwierigkeiten helfen zu können. Wir müssen tüchtig, aktiv sein. Menschen unserer Zeit sind nicht gewohnt zu warten. Das Zeitalter der zügellosen Konsumation hat seine eigenen Gesetze . . . Wie auf vielen anderen Gebieten setzen wir die Technik auch dort ein, wo Geduld und gute Beobachtung die gleichen Resultate erzielen könnten, und dies mit kleineren Risiken und weniger Kosten.

Die Hebammen ›von damals‹ handelten allein, in eigener Verantwortung und erwarben mit den Jahren eine Fertigkeit und ein Geschick, oft fast einen sechsten Sinn. Sie halfen in der gleichen Familie bei einem, zwei oder mehreren Kindern. Man vertraute ihnen und ihrem Rat. Wenn heute eine meiner älteren Kolleginnen von ›eine meiner Mütter‹ spricht oder wenn sie ein Kind sieht und es ›eines meiner Kinder‹ nennt, dann begreife ich ihren stolzen Blick, den besonderen Tonfall in ihrer Stimme. Einige dieser Frauen verdanken der Hebamme ihre Gesundheit, ja sogar das Leben! Das verpflichtet.

Weil die Geburten ›vermedikamentiert‹ wurden, erlebt man dieses Ereignis nicht mehr gleich. Und weil man heute so viel wissen muß, weil die Spezialisierung immer weitergeht, braucht es Equipen mit einem verantwortlichen Chef, einem Gynäkologen. Heute werden die Frauen während der Schwangerschaft nicht mehr von den Hebammen betreut. Wir lernen sie erst bei einer Vorbereitung auf die Geburt oder sogar erst am Geburtstermin kennen. In den meisten Geburtskliniken arbeiten die Hebammen nach einem Stundenplan wie die andern Spitalangestellten auch. Der Kontakt mit den Gebärenden wird dadurch noch unpersönlicher: Wenn die Frau bis zum Schichtwechsel nicht geboren hat, wird sie von einer anderen Hebamme übernommen. Ein herzlicher, dauerhafter Kontakt kann nicht entstehen, dazu reicht die Zeit nicht aus.

In einigen Geburtsabteilungen – auch dort, wo ich arbeite – gibt sich die medizinische Equipe sehr viel Mühe, eine menschliche Ebene zu schaffen. Dies allerdings zum Preis einer permanenten Verfügbarkeit der diensttuenden Ärzte und Hebammen. Wenn zudem noch die freie Wahl von Arzt und Hebamme besteht, kann man gewährleisten, daß unsere Mütter von Anfang der Schwangerschaft bis zur Geburt vom gleichen medizinischen Team betreut werden. Die Bindungen können enger werden, und ich glaube fest, daß auch wir eines Tages wieder von ›unseren Müttern und unseren Kindern‹ sprechen können.

Ich muß doch noch verraten, was ich bei allen Hebammen, denen ich begegnet bin, gefunden habe: das Geheimnis des Glaubens, der uns alle stützt und alle unsere Ängste wettmacht; dann das Wunder des erwachenden Lebens, an dem wir bei einer Geburt alle teilhaben, der Augenblick, wo sich Glück und nicht mehr Furcht in den Augen der Eltern spiegelt. Ich kenne keinen Geburtshelfer, der angesichts des Neugeborenen ungerührt bleibt. Auch wenn man, wie Tante Adeline, geholfen hat, über achttausend Kinder zur Welt zu bringen.

Yvonne Preiswerk
So hat man damals entbunden

Adeline Favre, Hebamme: Die Laufbahn und das Schicksal einer Frau im Dienst des Lebens. Und gleich zu Anfang wird man mit einer sehr unterschiedlichen, grausamen Wirklichkeit konfrontiert: mit dem verzweifelten und mutigen Kampf gegen den Tod. Dieses unermüdliche Ringen der Hebamme um den dünnen Lebensfaden, der oft nur durch präzise Handgriffe, durch fachmännisches Wissen und Können sowie durch eine große Herzensgüte dem Tod entrissen werden konnte, ist erschütternd. Einem Tod, der kaum geknüpfte Bande zu zerreißen drohte.

Das ergreifende Buch von Adeline Favre berichtet nicht nur von Geburten, sondern auch vom Leben der Leute in unseren kleinen Städten und Dörfern in der ersten Hälfte unseres Jahrhunderts. Obschon es viele Perspektiven für die Erforschung der menschlichen Gesellschaft eröffnet, bleiben viele Fragen über das damalige Leben, über die Frauen offen.

Wenn auch eine eingehende Untersuchung hier nicht möglich ist, soll doch der wunderbare Lebenslauf, den ich mit Adeline Favre zusammen durchlebt habe, nicht ohne Ergänzungen bleiben. Es scheint mir wichtig zu beschreiben, was damals in den Bergtälern um Sierre herum allgemein Brauch war. Ich möchte, ohne Anspruch auf Vollständigkeit, doch versuchen, die Riten eines Beginns, wie es die Geburt ist, etwas näher zu betrachten und eine Anzahl von magisch-religiösen Abwehrpraktiken zu beschreiben.

Ebenso möchte ich die verschiedenen Tabus erwähnen, die man nicht so leicht versteht, wenn man nicht Gelegenheit hat, die noch lebende ältere Generation erzählen zu hören.

Adeline Favre begann ihre Tätigkeit im Jahre 1928. Sie war die zweite Hebamme aus dem Wallis, die in Genf eine eigentliche Ausbildung machte, in einer Schule, die damals als modern galt. Bald einmal wurde Adeline Favre mit uralten Traditionen konfrontiert, die oft aus der Welt der Riten oder der Magie stammen. Oder sie begegnete der Haltung, die mit ›... man hat es immer so gemacht‹ erklärt wurde. Es war nicht einfach für sie, mit alldem aufzuräumen, was ihr als veraltet oder sogar gefährlich schien, und dies den Leuten auch noch zu beweisen. Was hat sie denn angetroffen, das im Volksglauben besonders fest und hartnäckig verwurzelt war?

Darüber wollte ich mehr erfahren, und ich habe einige alte Bäuerinnen aus den Bergen befragt. Sie waren alle im letzten Jahrhundert geboren worden und wußten noch genau, was ihnen ihre Mütter und Großmütter gesagt hatten. Die Frauen waren außerordentlich zuvorkommend, aber ebenso außerordentlich zurückhaltend. Meist fing die Unterhaltung folgendermaßen an:

Frage: Wie viele Kinder hatten Sie?
Antwort: Die, die noch am Leben sind? 10, 12, 14 . . .
Frage: Erzählen Sie mir etwas von den Frauen und ihren Schwierigkeiten!
Antwort: Mein Gott!
Frage: Jedes Jahr ein Kind zu haben, das ist sicher hart . . .
Antwort: Mein Gott, ja!
Frage: Gab das nicht eine Abneigung gegen Ihren Mann?
Antwort: Mein Gott! (Seufzer)
Frage: Die Frauen standen nach der Geburt müde, geschädigt wieder auf . . .
Antwort: Mein Gott, ja!
Frage: Was dachten Sie von einem solchen Leben, mit so vielen Schwierigkeiten?
Antwort: Mein Gott, es war hart, es war wirklich hart!

Die Frauen lachten nur selten. Oft stützten sie den Kopf in die Hände und bekamen einen traurigen Blick, wie wenn vor ihren Augen die dunkle Vergangenheit abrollen würde. Eine Vergangenheit, die man nur schwer vergißt, weil sie durch ihre Härte, ihre Sorgen und oft auch ihre Ungerechtigkeiten tiefe Spuren hinterlassen hat.

Am Anfang unseres Jahrhunderts heiratete man, ohne lange nach Gefühlen zu fragen. Der Mann nahm sich eine Frau, weil er wegen ihrer Jungfräulichkeit nicht mehr anders konnte. Man muß wissen, daß jeder Seitensprung von der Kirche äußerst schwer getadelt oder bestraft wurde. Sich mit einem Mann einzulassen, hatte für ein Mädchen unweigerlich eine Bestrafung zur Folge, wenn man den Protokollen der Pfarrgemeinden Glauben schenkt. Sie berichten, daß dieses oder jenes Mädchen, das eine fleischliche Sünde außerhalb der Ehe begangen hatte, zur Strafe während der Messe im Chor der Kirche knien mußte, eine Krone aus Stroh auf dem Kopf, den Schimpfworten der Dorfbewohner und des Pfarrers, der sie oft aus der Gesellschaft ausstieß, ausgesetzt.

Man heiratete also und sagte den jungen Mädchen: »Mit dem Lachen ist es jetzt aus – jetzt geht's ans Kinderkriegen!« Das gehörte dazu, ebenso wie der Gehorsam dem Mann gegenüber. Eheliche Beziehungen waren jedoch weit entfernt von Gleichberechtigung. Man sprach von *avoir le mélange, se doubler au mari, se rendre à lui, obéir au mari:* Geschlechtsverkehr haben, sich dem Mann zugleichen, sich ihm ergeben, dem Gatten gehorchen.

Wenn ein Kind kam, besonders wenn es nicht das erste war, galt dies fast als Schande, die Frauen schämten und versteckten sich. Und dann mußten sie es erst noch ihrem Mann sagen – eine zusätzliche Strafe! Sie konnten ja gar nicht anders, als immer und immer wieder Kinder zu bekommen. Man ging nie zu einer andern Mutter, um ein Neugeborenes zu bewundern, man besuchte eine Wöchnerin nicht. Oft waren die Frauen nicht untröstlich, wenn ein Kind tot zur Welt kam oder bald starb. Das bedeutete einen Esser weniger!

Eine Großmutter drückte es so aus: »Die Männer mögen ›das‹ sehr, sie heiraten ja deswegen, ›es‹ ist eines der wenigen Vergnügen, die sie haben. Sie stehen am Morgen sogar früher auf, um vor der Arbeit noch ein *mélange* mit ihrer Frau zu haben.« Um die Folgen kümmerten sie sich wenig. Die Angst, wieder schwanger zu werden, überließen sie der Frau.

Und dann hatte man gar nicht Zeit, sich um die Schwangerschaft zu kümmern. Die tägliche Arbeit draußen und die Familie erlaubten weder eine Ruhepause noch Rücksichtnahme. Man pilgerte vielleicht zum Einsiedler nach Cretel, um ihn wegen der Schwangerschaft zu konsultieren, oder man betete zum heiligen Gérard, dem Schutzpatron der Schwangeren und Wöchnerinnen.
So kam der Tag der Geburt. Er brachte die Frauen enger zusammen. Wenn dieser Zusammenhalt und die Solidarität unter ihnen noch bestanden, war man nicht ganz der totalitären Schwiegermutter und ihrem Altweiberwissen ausgeliefert, auch wenn man mit ihr zusammen unter einem Dach lebte.
Der Lebensrhythmus der Frauen wurde durch die Schwangerschaften und nicht durch die Jahreszeiten bestimmt. Die Kinder bildeten die Lebensabschnitte, und der Lauf des Mondes bestimmte ihre Ankunft, die sich in regelmäßigen Abständen ereignete. Man erwartete Geburten bei Vollmond, was übrigens die Hebammen öfters bestätigt haben. Bei Vollmond hatten sie mehr zu tun und mußten von einer Geburt zur andern rennen.
Der Dialektausdruck *marrèchazé* war die einzige Bezeichnung für eine Hebamme, die man in dieser Gegend kannte. Vor der Generation von Adeline Favre waren sie nur sehr mangelhaft ausgebildet. Im Spital von Sion vermittelte man ihnen in drei Monaten einige elementare Kenntnisse in Anatomie und Hygiene. Alles übrige lernten sie vom Zusehen oder dank einer besonderen Geschicklichkeit. Oft sagte man den Hebammen nach, daß sie zu tief ins Glas sähen. Ihr Ruf als Trinkerinnen rührte sicher von der Tatsache her, daß sie am gleichen Tag von einem Haus ins andere kamen, sei es wegen einer Geburt oder zur Pflege einer Wöchnerin, und überall ein Gläschen vorgesetzt bekamen, das sie auch gerne tranken. Man weiß ja, daß bei den Anniviards das ›gut trinken können‹ Sitte ist. Man muß betonen, daß alle Berichte über Hebammen, bei uns oder anderswo, diesen Ruf bestätigen. Auch in diesem Punkt eckte Adeline Favre an, wenn sie eine Tasse Bouillon oder einen Kaffee vorzog.

Die Wöchnerinnen und den Ort der Geburt nannte man *palyoûla,* was die Ethno-Linguisten mit dem lateinischen Wort palea, Stroh, in Verbindung bringen. Adeline Favre bestätigt, daß dieses Wort während ihrer ganzen Tätigkeit gebraucht wurde, so lange, wie die Frauen zu Hause niederkamen.

Wenn es nicht außerordentlich eilte, bereitete man für die Gebärende eine Matratze oder ein Bett vor. Man hatte das Roggen- oder Maisstroh besonders gut gedroschen, damit es etwas weicher wurde. Auch hatte man alte, oft gewaschene Leintücher oder Decken beiseite gelegt, damit man nicht neue Bettwäsche verwenden mußte, die einem alten Glauben zufolge Blutungen förderte. Wissenschaftler erkennen hier eine magische Bedeutung. Eine meiner Gesprächspartnerinnen aus dem Val d'Anniviers hatte eine viel bessere Erklärung: Bei neuen Stoffen sind die Fasern noch hart und rauh und saugen das Blut nicht gut auf. Wenn möglich ging man auch in den Dorfladen und holte alte Zeitungen oder altes Packpapier, das man unter das vierfach zusammengefaltete Leintuch legte.

Erst wenn die Wehen kamen, holte man die Hebamme. In der Zwischenzeit war es die Aufgabe der Großmütter, Schwiegermütter und Nachbarinnen, die Kinder wegzubringen. Obschon die Wohnungen klein und eng waren und das Zusammenwohnen keine Intimsphäre ermöglichte, war nie eines der Kinder bei einer Geburt dabei, ja, sie wußten nicht einmal, wie ihre Schwestern und Brüder zur Welt kamen. Die Frauen schrien oder klagten nicht. Man verschwieg die Schmerzen so gut wie möglich, man sollte nichts davon sehen oder hören. Die unterdrückten Schreie waren oft der Beweis für einen starken Glauben, sie waren aber auch Zeichen von Beschämung und von einem Makel, den die schwangeren Frauen trugen und den man möglichst verdecken mußte.

Mit der Ankunft der Hebamme organisierte sich das Ganze, und die Handgriffe wurden präziser. Man vergewisserte sich, daß das Bett nicht zu sehr beschmutzt wurde. Die *marrèchazé* stellte den Stand der Wehen fest und machte eine erste Untersuchung. Dazu schmierte sie ihre Hände, die Scheide und den Nabel der Frau mit Butter oder mit Murmeltierfett ein. Mit dem Fett bezweckte man zweierlei: Erstens sollte es den Geburtskanal elastisch machen, und zweitens sollte das Kind besser gleiten. Die Hebammen waren nicht gewohnt, vor solchen Eingriffen die Hände zu waschen. Bei Leuten, die mit dem Wasser so sparsam umgehen mußten, wurde das kostbare Naß für die Geburt selber und für die Pflege von Mutter und Kind reserviert. Man vergeudete es nicht für eine Desinfektion.

Bis zum Ende des letzten Jahrhunderts geschah es oft, daß sich die Frauen nicht auszogen. Sie behielten ihre Arbeitskleidung an, lösten aber wenigstens den Gürtel und das enge Mieder. Viele Hebammen rühmten sich übrigens, daß sie sehr gut ›verdeckt‹ arbeiten konnten. Aber anfangs unseres Jahrhunderts zogen sich die Frauen dann aus, behielten nur ihr ›Taghemd‹ oder das *paletolèt*, eine Art Nachthemd, an und zogen das Leintuch über sich. Seit langer Zeit schon blieben im Val d'Anniviers die Frauen während der Wehen nicht liegen, sondern gingen im Zimmer auf und ab. Die Hebammen massierten ihnen den Rücken oder legten ihnen heiße Wärmeflaschen auf die Nierengegend, um die Schmerzen zu lindern. Adeline Favre erzählte uns, daß sie immer versucht habe, die Frau miteinzubeziehen, indem sie ihr erklärte, was geschah. Sie plauderte mit ihr, rieb ihr den Rücken, um sie etwas zu zerstreuen und abzulenken.

Plötzlich ›änderte der Schmerz‹, wie man damals sagte. Wenn die Eröffnung des Muttermundes nicht richtig vorwärtsging, führte die Hebamme ihre mit Butter oder Fett eingeschmierten Finger ein und eröffnete ihn von Hand. Für die Austreibung änderte die Frau manchmal ihre Lage. Ich hörte recht oft, daß sich die Frauen auf oder besser zwischen zwei Stühle setzten oder sich quer über ein Bett legten, die Beine gegen eine Wand gestemmt, um besser pressen zu können. Adeline Favre wählte diese Lage nur, wenn es Schwierigkeiten gab und man eingreifen mußte. Wenn dies nicht der Fall war, holte sie den Ehemann, der das eine Bein halten mußte. Sie selber hielt das andere und drückte gleichzeitig mit dem Ellenbogen auf den Bauch der Frau. Es ist interessant festzustellen, daß man bei den heute wieder in Mode gekommenen Techniken, bei denen die Stellung der Frau während der Geburt vermehrt einbezogen wird, auf diese uralte Praktik mit dem Ellenbogen zurückgegriffen hat.

Im Val d'Anniviers erinnert man sich nicht, je in einer andern Position als sitzend oder am Boden kniend geboren zu haben, so wie es auch in andern Tälern Brauch war.

Der Ehemann war während der Geburt sehr aktiv. Er half der Hebamme, holte am Brunnentrog Wasser und unterstützte seine Frau während der Preßwehen. Das war für ihn selbstverständlich. Um sich Mut zu machen, pendelte er oft zwischen Weinkeller und Schlafzimmer hin und her, ja, oft kam er nicht mehr zur Hebamme zurück.

Hatte das Kind eine falsche Lage, eine Steiß- oder Querlage, sagte man *il venait en double*, ›es kommt zusammengelegt‹. Wenn die Hebamme schwere Komplikationen voraussah, benachrichtigte sie den Arzt, der dann – oft nach einer mehrstündigen Reise – eintraf und das Kind mit der Zange herausholte.

Aber die Frauen hatten es nicht gern, wenn man ihn holen mußte. Sie hatten lieber nur mit der Hebamme zu tun, vor allem auch, weil der Arzt viel kostete, und man besaß ja so wenig flüssiges Geld.

Eine Geburt wickelte sich also auf diese Weise ab, außer die Mutter war von den Wehen überrascht worden und gebar ihr Kind in einem Stall oder in einer Scheune.

Jetzt mußte man sich um das Kind kümmern. Während sich die Frau etwas ausruhte und auf die Ausstoßung der Nachgeburt wartete, *la décharge*, wie man sagte, reanimierte die Hebamme das Neugeborene, wenn es nötig wurde. Sie massierte es, um die Zirkulation in Gang zu bringen, und wusch es. Sie schnitt die Nabelschnur durch, wobei sie keinen Unterschied zwischen Mädchen und Knaben machte, wie es anderswo Brauch war. Früher schmierte die Hebamme Butter oder in Butter zerdrückte Beeren auf das Ende der Nabelschnur, bevor sie ein

Stück Stoff mit einer Schnur darumband. Man durfte den Nabel während einiger Tage nicht berühren. Schon bei ihren ersten Geburten führte Adeline Favre eine moderne Technik ein: Sie schnitt die Nabelschnur in ungefähr zwei bis drei Zentimeter Abstand ab und wickelte den Stumpf in eine sterile Gaze. Das Kind wurde dann gebadet und gewickelt. Auch hier stieß Adeline Favre auf großen Widerstand, weil sie das Kind nicht mehr nach der alten Methode einband, das heißt, die Beine mit gestrickten Bändern zusammenschnürte und das Kind fest in ein Tuch einpackte. Es war schwierig, den Leuten klarzumachen, daß sich ein Kind vom ersten Tag an bewegen möchte.

Weil die Frauen durch die lange und mühselige Geburt müde und überempfindlich waren, hatten sie oft Mühe mit der Ausstoßung der Plazenta, der *décharge*. Und weil die Hebamme ihren Bauch nicht mehr berühren durfte, half sich diese oft mit einem alten Brauch. Er bestand darin, ›in eine leere Flasche zu blasen‹, mehrmals und mit aller Kraft. Die Muskelkontraktionen, die dies bewirkte, halfen sehr. Im Val d'Anniviers hatte man dies bei Schwierigkeiten mit der Nachgeburt schon immer gemacht, der Brauch wurde von Generation zu Generation überliefert.

Bis zu diesem Zeitpunkt hatte man der Frau nichts verabreicht, um ihr Erleichterung zu verschaffen. Um bei der Ausstoßung der Plazenta jedoch eine Muskelerschlaffung zu verhindern, gab man der Mutter einen Aufguß von Mutterkorn, Ergotin, warmem Wein, oder man zerdrückte frischen Absinth in Butter. Aber am meisten gefürchtet waren Blutungen, die so vielen Frauen nach der Geburt das Leben kosteten. Nach der Ausstoßung der Plazenta verabreichte man den Frauen einen Aufguß von Zimt oder Zimttinktur.

Obschon die Frauen nicht darüber sprechen und keine Auskunft geben wollten, litten sie doch schrecklich unter Dammrissen, die man damals noch nicht nähte. Die Risse vernarbten manchmal in Lappen oder in Falten, die schmerzhafte Folgen hatten: Zukünftige *mélanges* verwandelten sich in Höllenqualen. Oder wie es eine befragte Frau ausdrückte: »Es war eine tierische Angelegenheit.« Zuerst verwendete Adeline Favre Klammern, die sie selber einsetzte. Dies ermöglichte schon eine bessere Wundheilung. Später fingen dann die Ärzte an, Dammschnitte zu machen.

Heute, wo der Begriff der Freude, des Vergnügens bei den Beziehungen zwichen Mann und Frau Eingang gefunden hat, muß man das Elend der Frauen, wie es noch vor einigen Jahrzehnten auf diesem Gebiet existierte, sehen und begreifen. Damals war vor allem die Kirche maßgebend: Das Vergnügen war Sünde und eine Schwangerschaft sichtbare Unreinheit. Dazu kam die ständige Furcht, schwanger zu werden, ein weiteres Kind zu bekommen, von dem man nicht wußte, wie man es ernähren sollte. Nicht zu vergessen den körperlichen Zustand der Frauen, die verstümmelt waren und Qualen litten. Dies alles gehörte zum Eheleben von damals. Hätten die Frauen nicht in der christlichen Moral und in der gegenseitigen Unterstützung Halt gefunden, hätten sie ihr Leben wirklich mehr erlitten als gelebt.

Aber kommen wir auf die Entbindung zurück. Das Kind ist da, die Geburt ist vorüber. Jetzt galt es, im Haus wieder die alte Ordnung herzustellen. Zuerst mußte man die Nachgeburt wegschaffen, die einem alten Aberglauben zufolge im Haus der betreffenden Familie bleiben mußte. Die Plazenta wurde im Haus selber oder ganz nahe der Hausmauer, noch innerhalb der Dachtraufe, vergraben. Meistens war es der Ehemann, der ein so tiefes Loch grub, daß die Tiere sie nicht wieder ausgraben konnten. Dieser teilweise magische Ritus war deshalb so wichtig, weil die Plazenta als ein fester Teil einer getauften Person galt, den man nicht wie ein seelenloses Tier verscharren durfte. Das hätte Unglück gebracht. Adeline Favre hatte alle Mühe zu erklären, daß die Nachgeburt nur ein Abfallprodukt ist, das man im Ofen verbrennen konnte. Die therapeutischen Eigenschaften der Plazenta wurden erst später entdeckt.

Etwas anderes, das man stark tabuisierte, war die Reinigung der Wäsche. Man sammelte die schmutzige Wäsche, und der Ehemann oder eine nahe Verwandte ging in der Nacht damit

vors Dorf hinaus zu einer Quelle oder einem Bach, weit weg von neugierigen Blicken. Das gleiche geschah übrigens auch mit der Wäsche eines Verstorbenen, die, auch getrennt von der gewöhnlichen Wäsche, fast im geheimen gewaschen wurde.
Bei der Geburt befindet sich ein Kind biologisch, sozial und auch magisch in einem Zustand, in dem es sich nicht wehren kann. Es ist vor allem schutzlos gegenüber dem Bösen. In gewissen Gebieten ist es ein Teil der Unreinheit der Mutter. So war es von größter Bedeutung, daß man das Kind schnell taufte, möglichst noch am gleichen Tag. Im Dialekt nannte man dies *la batéiè*. Wenn die Geburt in der Nacht erfolgte, wachte eine Großmutter oder eine Verwandte beim Kind, bis es getauft war. Das Ritual von Wasser und Salz bedeutete nicht nur Rettung und Schutz vor den Versuchungen böser Geister, sondern die Vereinigung dieses neuen Lebewesens mit der christlichen Welt. Ein totgeborenes Kind kam nur in den Vorhof des Paradieses und konnte Gott nie von Angesicht zu Angesicht sehen. Daher rührte die schreckliche Angst, die alle katholischen Mütter erlebten, bis ihr Kind getauft war. Bis zur Mitte des 19. Jahrhunderts brachte man totgeborene Kinder in die Kirche Zen Hohen Flühen bei Brig an der Straße ins Goms. Diese Kirche war der Muttergottes geweiht, die den wunderbaren Ruf hatte, tote Kinder für so lange wieder zum Leben zu erwecken, bis sie getauft waren. Das zeigt die ungeheure Wichtigkeit einer sofortigen Taufe, die sich übrigens, wie anderswo auch, ohne große Feier abspielte. Das Kind wurde ganz einfach vom Vater und von der Patin zur Kirche getragen. Zu Hause gab es dann einen Imbiß, an dem auch die Hebamme und die Mutter teilnahmen. Adeline Favre erzählt an verschiedenen Stellen, daß sie selber Kinder taufte, die bei der Geburt starben. Die Kirche gab den Hebammen in Notfällen die Erlaubnis dazu.
Schwiegermutter und Hebamme hatten für die Wöchnerin, die einige Tage das Bett hüten mußte, noch mehrere gute Ratschläge bereit. So mußte man gegen Schrunden an den Brustwarzen zu der heiligen Agathe beten. Man verschrieb eine bestimmte

Diät, damit die Milch richtig floß: Dôle, Bier, Fenchel- oder Lindenblütentee, Eier, Polenta. Verboten waren Gewürze, Kohl, Bohnen und fast alle andern Gemüse. Es wurde Ruhe verordnet, aber es war den Frauen nur selten möglich, die Hausarbeiten nicht sogleich wieder zu übernehmen. Es gab jedoch einen bestimmten Tag, an dem die Einhaltung völliger Bettruhe besonders wichtig war: der neunte Tag. Man sagte, daß die Gebärmutter an diesem Tag wieder den alten Platz einnehmen und ihr neuntes Horn heilen würde. Dafür gibt es keinen medizinischen Grund, es war eine reine Legende, ein Aberglaube.

Es kam der zehnte Tag, der Tag des ersten Kirchgangs der Wöchnerin, der Tag der *relevailles*. Dieser Ausdruck wurde in der Gegend nicht verwendet, man sagte *chègné foura*, was soviel heißt wie ›die Todsünden ablegen‹ oder noch genauer *signer dehors*: ›draußen unterzeichnen‹. An diesem Tag verließ die Wöchnerin zum erstenmal nach der Geburt das Haus. Ihre ersten Schritte führten zur Kirche, was ohne besondere Zeremonie oder Kleidung, wie es anderswo Brauch ist, geschah. Bei der Eingangstüre zur Kirche segnete sie der Pfarrer und entließ sie so aus der Erbsünde, in der Frauen im Wochenbett leben. Es ist dies eine Art individuelle Läuterungsfeier. Eine Frau muß sich segnen lassen, bevor sie in die Kirche eintreten und auch wieder am täglichen sozialen Leben teilnehmen darf. Dieser Brauch, der früher sehr streng beachtet wurde, verlor sich im Val d'Anniviers in den ersten Jahrzehnten unseres Jahrhunderts. Der Pfarrer hat einfach nicht mehr davon gesprochen.

Die Zeit zwischen der Entbindung und dem zehnten Tag sollte eine Ruhepause für die Frau sein. Zudem hatte ein Sexualverkehr in diesen Tagen nach dem Volksglauben für den Mann eine Art magischer Befleckung zur Folge. Doch gab es trotz dieses Verbots, laut Aussagen der Frauen, nur wenige Männer, die mit Geschlechtsverkehr bis nach dem Tag der *relevailles* gewartet haben. Viele forderten Verständnis für ihr Bedürfnis, kaum war die Geburt vorüber. Oft baten die Wöchnerinnen deshalb eine Verwandte, Tag und Nacht bei ihr zu bleiben, was jedoch nicht immer möglich war. Adeline Favre hat versucht, die Frist zu verlängern, und empfahl den Ehemännern, vier bis fünf Wochen zu warten, ein Rat, der scheinbar nur selten befolgt wurde.

Soweit der leider recht kurze Bericht darüber, wie in unseren Bergtälern die Frauen um die Jahrhundertwende ihre Geburten erlebten. Er beschreibt die Situation, wie Adeline Favre – und auch ihre Kolleginnen in der Umgebung – sie angetroffen hat, als sie 1928 in der Gegend von Sierre ihre Arbeit begann.

Nach und nach hat sie Neuerungen in bezug auf Hygiene und Sitten eingeführt. Mit ihrem gradlinigen Charakter begegnete sie einem starken Widerstand, als sie den veralteten, stark verwurzelten Bräuchen den Kampf ansagte. Am Anfang rief sie den Arzt nur in einem von zehn Fällen. Dies war nicht Brauch und war auch kostspielig. Später in den fünfziger Jahren geschah es in einem von zwei Fällen. Einen Arzt zu rufen wurde nur sehr langsam üblich. Die letzte Hausgeburt von Adeline Favre fand 1960 statt.

Am Anfang bekam sie für eine Geburt fünfzehn bis zwanzig Franken, später, als die Geburten im Spital stattfanden, bis zu achtzig Franken. Daß die Frauen nach dem Krieg zu den Entbindungen mehr und mehr ins Spital gingen, hat seinen Grund auch darin, weil sie Angst hatten vor Hausgeburten und den damit verbundenen Risiken, von denen man mehr und mehr sprach und hörte.

Wenn man die Geschichte von Adeline Favre verfolgt, staunt man über die Veränderungen, die zu einem neuen Verständnis der Geburt führten. Ich möchte einmal die sprachlichen Ausdrücke aufführen. Zu Beginn spricht Adeline Favre von *femmes*, Frauen. Gegen 1945/1950 zieht man die Worte ›Patientin‹ oder ›Gebärende‹ vor, Ausdrücke, die man früher nie brauchte. Das bedeutet auch eine veränderte Haltung gegenüber der Schwangerschaft, welche kein natürlicher, alltäglicher, fast ständiger Zustand mehr war. Die Tendenz entstand, die Schwangerschaft als eine Art Unpäßlichkeit, Krankheit, wenn auch einer leichten, zu betrachten. Die medikamentöse Geburt hat einerseits das Verhalten der Menschen verändert, weil sie sich viel stärker in der Intimsphäre der Eheleute abspielt; anderseits löst sie den Kreis der Frauen auf, die sich früher um die Gebärende bemüht hatten. Diese neue Geburt bedeutete auch das Ende der Schreie, die man zurückhielt und unterdrückte. An ihre Stelle tritt ein neues Verhältnis zum Schmerz, den man zähmt und kanalisiert.

Ein letzter Punkt scheint mir wichtig: die Hierarchie des Wissens. Die Hebammen wurden auf ihre praktische Arbeit vorbereitet, bevor man ihnen das Diplom gab. Dann wurden sie, wie Adeline Favre, die am Anfang des Jahrhunderts ausgebildet wurde, den kantonalen Gesetzen unterstellt. Diese übertrugen ihnen in Abwesenheit eines Arztes – der ja, wie wir gesehen haben, nur selten dabei war – die ganze Vollmacht. Aber mehr und mehr war der Arzt später bei den Geburten dabei, und es bildeten sich zwischen Arzt und Hebamme hierarchische Verhältnisse, de facto und nicht nach dem Wissen. So kann man eine gewisse Nostalgie auf seiten der Hebammen begreifen, denen die Vollmachten zugunsten der Ärzte praktisch entzogen wurden. Dabei besaßen diese Ärzte zu Beginn keineswegs größere praktische Kenntnisse in der Geburtshilfe als die Hebammen – sie hatten jedoch das Privileg, Medikamente verschreiben zu können.

Adeline Favre ist keineswegs verbittert. Sie erkennt, daß der Fortschritt – in einem vernünftigen Ausmaß – rettet und heilt. Das Leben und die Geburten waren früher viel zu hart, niemand wird es bedauern, daß diese Zustände der Vergangenheit angehören.

Der vorliegende Text beruht auf Aussagen von Bauersfrauen, die ich befragt habe. In allen Berichten kommt die Bitterkeit darüber zum Ausdruck, was sie bei Schwangerschaften und Geburten durchmachen mußten. Der Eindruck, den man dabei gewinnt, ist vielleicht etwas zu düster. Haben denn unsere Bauersfrauen nicht auch die Freuden des Kinderkriegens gekannt? Oder ist diese Idee nur eine Hoffnung und ein Wunsch

einer Frau aus der Stadt? Stammt sie aus der Sicht einer neuen Generation?
Man scheint dort oben wirklich nur mit Schmerzen geboren zu haben, mit körperlichen, materiellen und moralischen. Aber diese Menschen haben auch im Leiden – das ich ehre – ihre Größe nie verloren.

Inhalt

Vorwort
Maja Spiess-Schaad   5

Ich wurde an einem 22. Mai geboren   7
Eine Berufung entsteht   23
Das Leben der Frauen damals   28
Die große Entscheidung – Aufbruch nach Genf   31
Rückkehr nach Sierre – Der Anfang im Beruf   44
Die ersten Medikamente
   und die traditionellen Methoden   56
Zwischenspiel   60
Es waren alles Hausgeburten,
   schwierige Fälle ausgenommen   63
Das Auto   71
Man gewöhnt sich an das Spital   75
Neugierde der Kinder   89
Mißbildungen und schwere Fälle   91
Der Übergang zu neuen Methoden   98
Moderne Säuglingspflege   101
Zum Thema Abtreibungen   104
Betrachtungen   107
Der Ruhestand rückt näher   110

Marie-Noëlle Bovier
Hebammen – gestern und heute   115
Yvonne Preiswerk
So hat man damals entbunden   118

**Berührungen
Gespräche über Sexualität
und Lebensgeschichte**

Aufgezeichnet und begleitet von
Irmgard Hülsemann
Sammlung Luchterhand Band 517

Die ersten Erfahrungen, die wir in unserem Leben machen, sind Berührungen, die uns fühlen lassen, daß wir existieren und nicht alleine sind. Die Bedeutung von Berührungen bleibt für unser weiteres Leben wesentlich. Beziehungs- und Berührungsängste bleiben auch im sexuellen Erleben nicht ohne Folgen und zeigen sich in Unlust, Anstrengung, Abwehr.
Indem die Gespräche zwischen Männern und Frauen geführt werden, treten auch die charakteristischen Schwierigkeiten zwischen den Geschlechtern unmittelbar hervor. Frauen und Männer sprechen nicht die gleiche Sprache, das gegenseitige Verständnis wird dadurch nicht nur erschwert, sondern mitunter gänzlich verhindert. Aber auch Situationen voller Heiterkeit und Komik entstehen. Für viele ist es das erste Mal, daß sie zusammenhängend und in einem größeren Kreis über ihre Sexualität, ihre Geschichte und ihre Liebe sprechen.
Dieses Buch ist zugleich eine überzeugende Demonstration von Zweck und Erfolg der inzwischen umfangreich praktizierten und immer noch umstrittenen gruppendynamischen Psychotherapie.

Rahel Varnhagen
Jeder Wunsch wird Frivolität genannt

Briefe und Tagebücher
Ausgewählt und herausgegeben von Marlis Gerhardt
Sammlung Luchterhand Band 426

150 Jahre nach dem Tod von Rahel Varnhagen sind die Briefe und Tagebücher dieser Frau so gegenwärtig wie damals. Unter den »jungen Leuten von 1800«, in einer Generation von Frauen, die durch Schreiben hervortreten, ist Rahel Varnhagen, geborene Levin, »die Fremdeste, Komplizierteste und Gebrochenste. Unter den Außenseiterinnen aus Neigung und Interesse ist sie die einzige Outsiderin von Geburt«.
»Rahel ist weder eine gläubige Jüdin noch eine gute Christin; sie ist nicht auf der Suche nach der verlorenen Zeit, sondern süchtig nach Leben. Der Faszination durch Tod und Dunkelheit, Nacht und Tragik entzieht sie sich. Rahel Levin, die Fremde, die wahrhaft Unterprivilegierte, Benachteiligte, beharrt auf Bildern und Wunschlandschaften, die ins Freie, ins Helle, ins ›Grüne‹ wie sie es nennt, führen.« *(Marlis Gerhardt)*.
Die vorliegende Auswahl läßt unmittelbar erkennen, wie nahe uns diese »radikale Selbstdenkerin« ist. Vom Leben und von der Persönlichkeit Rahel Varnhagens gibt die Einleitung der Herausgeberin ein deutliches Bild.

Annette von Droste-Hülshoff
Spiegelbild und Doppellicht

Prosa, Briefe, Gedichte
Herausgegeben und mit einem Essay von Helma Scheer
Sammlung Luchterhand Band 490

In der Tradition weiblicher Schreibaufbrüche zeigt das Werk der Droste-Hülshoff eine einzigartige Schreibentwicklung. Im Mittelpunkt dieser Textsammlung steht »Ledwina«, eine frühe, unvollendete Novelle. Sie gibt ein authentisches Bild der Empfindsamkeit, Gespaltenheit und Umgetriebenheit der jungen Droste in ihrem Kreis. Ihr Leben lang wird Annette von Droste eine existentiell Fremde bleiben, brüchig, schwankend zwischen radikalem Selbstausdruck und sittsamer Konventionalität, »gefesselt in der sengenden Flamme« der Weiblichkeit.

Karoline von Günderrode
Der Schatten eines Traumes

Gedichte, Prosa, Briefe, Zeugnisse von Zeitgenossen
Herausgegeben und mit einem Essay eingeleitet
von Christa Wolf
Sammlung Luchterhand Band 348

Karoline von Günderrode gehört zu den zu Unrecht vergessenen Dichterinnen deutscher Sprache. Sie war Zeitgenossin Hölderlins, den sie verehrte, ohne ihn zu kennen, und von Novalis; befreundet mit Bettina und Clemens Brentano, Carl von Savigny, Achim von Arnim. Der Nachwelt bekannt blieb sie durch den Briefroman »Die Günderrode«, den Bettina Brentano 1840 herausgab, und durch die Geschichte ihrer unglücklichen Liebe zu dem Heidelberger Altphilologen Friedrich Creuzer, die Anlaß ihres Selbstmordes war.